Chaos et Cruauté

Charles Romain Mbele

Copyright © 2025 Charles Romain MBELE

Aucune partie de ce livre ne peut être reproduite, distribuée ou transmise sous quelque forme ou par quelque moyen que ce soit, y compris la photocopie, l'enregistrement ou d'autres méthodes électroniques ou mécaniques, sans l'autorisation écrite préalable de l'éditeur et de l'auteur, sauf dans le cas de brèves citations incorporées dans des critiques et de certaines autres utilisations non commerciales autorisées par la loi sur les droits d'auteur.

Éditeur: Upway Books
Auteur: Charles Romain MBELE
Titre: Chaos et Cruauté
ISBN: 978-1-917916-17-2
Couverture réalisée sur: www.canva.com

Ce livre est un ouvrage de non-fiction. Les informations qu'il contient sont basées sur les recherches, l'expérience et les connaissances des auteurs au moment de la publication. L'éditeur et les auteurs ont fait tout leur possible pour garantir l'exactitude et la fiabilité des informations, mais ils n'assument aucune responsabilité en cas d'erreurs, d'omissions ou d'interprétations contraires du sujet traité. Cette publication n'est pas destinée à se substituer à un avis ou à une consultation professionnelle. Les lecteurs sont encouragés à demander l'avis d'un professionnel si nécessaire.

contact@upwaybooks.com
www.upwaybooks.com

À la mémoire d'Etoundi Mbede

Introduction

La quête d'un fondement démiurgique pour reconstruire l'univers africain sur de nouvelles bases.

La pensée postcoloniale est une dénomination qui recouvre des philosophies nées en Afrique au début des années 80 du vingtième siècle. Elle est apparue de façon opportune au moment de notre ajustement au forceps à la structure ultralibérale de la mondialisation capitaliste. Pour appuyer idéologiquement ce processus culturel, politique et économique, diverses orientations théoriques, méthodologiques et philosophiques locales ont pris en charge un aspect du discours adressé aux Africains : le pessimisme historico-culturel ou la tragédie de la culture africaine, le culturalisme, l'assomption discursive mais non philosophiquement justifiée de l'inégalité, la défense cynique de formes brutales et violentes de l'exclusion sociale en vue de l'accumulation primitive du capital, l'idée selon laquelle l'*imaginaire de la révolution et des luttes de libération* a vieilli, la doctrine qui pose que l'*affirmation des individus* suppose l'acceptation de la légitimité de leur droit à la propriété privée et à l'inégalité, etc. Aussi ne parle-t-on plus dès lors en termes de néocolonie. On utilise bien plutôt désormais l'expression postcolonie, car celle-ci maintien de façon subreptice une ambiguïté et une indétermination sémantiques qui disent à la fois une époque et une vision du monde.

Ce que nous souhaitons faire ici, c'est de lever cette équivocité lexicale et sémantique. Philosophiquement, cette nouvelle *weltanschauung* s'inscrit en dernière analyse dans un tournant linguistique, interprétatif et apriorique de l'ordre du monde où s'affirme la clôture des signes sur eux-mêmes. De fait, pour nombre de ceux qui adhèrent à la théorie postcoloniale, la dimension méthodologique tourne autour de quelques propositions essentielles : « Tout est langage » ; « Tout est texte » ; « L'être est langage » (« Being [is] langage ») ; « L'être qui peut être compris est langage » (« Being that can be understood is language »). Dès lors, au nom de « la complexité du réel » ou de l'« anamorphose du vrai et du faux »[1], il n'y a plus d'objectivité et la question de la vérité et de la fausseté importe peu, car « [...] l'histoire est une construction où la partialité de l'historien, la relativité de sa situation et la précarité de ses instruments d'analyse exigent de considérer la *vérité* comme *métaphore* et *fiction* »[2]. De ce point de vue s'affirme une dimension méthodique pour laquelle la raison herméneutique impose un tournant interprétatif et linguistique qui « conteste la règle de la preuve et des faits » et institue « un principe de narration qui substitue la fiction aux faits »[3]. Nous ne sommes pas très loin des principes de l'idéalisme transcendantal. Ce dernier donne en effet le privilège au contenu de la pensée et ce qu'elle représente, car la conscience porterait son *cogitatum* en elle-même. Dans cette forme de pensée, en tant que l'objet est déduit ou dérivé du sujet, l'interrogation porte, non sur le monde, mais sur le savoir et sa nature, sur la structure du sujet connaissant, sur les conditions de possibilité du savoir. Le sujet devient objet direct de savoir. C'est dire que le sujet connaissant se prend lui-même pour objet d'analyse et d'enquête. Le sujet et l'objet deviennent le même être - et donc sujets de connaissance. Dans cette optique, le philosophe s'efforce de préserver le sujet de toute contamination avec l'objet. L'existence des choses

---

[1]. Jean-Godefroy Bidima, *La Philosophie négro-africaine*, Paris, PUF, coll. « Que sais-je ? », 1995, p. 82.
[2]. Jean-Godefroy Bidima, *La Philosophie négro-africaine*, op. cit., p. 79.
[3]. Mamadou Diouf, *L'Historiographie indienne en débat. Colonialisme, nationalisme et sociétés postcoloniales*, Paris, Karthala-Sephis, coll. « Sociétés en débat », 1999, p. 22. Pour une critique de cette méthode historiographique, lire Carole Edwards, « Réalité ou fiction ? L'histoire à l'épreuve du postmodernisme », *in Revue européenne d'histoire*, Vol. 18, n° 4, August 2011, 487-498.

hors de nous et du monde extérieur est par conséquent problématique. La philosophie transcendantale affirme qu'il revient au moi d'imposer sa structure, ses catégories et ses lois à un réel chaotique, car le monde doit se fonder sur l'esprit[4]. De ce point de vue, se demander s'il y a un *monde extérieur* est sans fondement.

En tant qu'il est d'une certaine façon une resucée de l'idéalisme transcendantal, l'idéalisme linguistique aboutit à une vision constructiviste du monde qui aplanit de façon radicale les genres de connaissance. Est donc récusée toute hiérarchisation des modes du savoir. Or, pour la philosophie classique, la hiérarchisation des genres de connaissance est au fondement d'une recherche de l'objectivité du monde et des valeurs. Elle poursuit un but : préserver contre la relativité de toutes choses. Au cœur de la vision constructiviste s'affirme au contraire l'instabilité de l'être. Toute réalité, toute identité, toute position deviennent fluides, fluctuantes et flexibles. On perçoit pourquoi une telle conception est utile dans un monde de flux humains, de marchandises, de services où l'interchangeabilité atteint même le vivant. Faire le choix de l'idéalisme transcendantal obéit donc à des enjeux pratiques qui - comme dans l'idéalisme de George Berkeley (1685-1735) et de F. A. Hayek (1899-1992) – mènent à un subjectivisme utilitariste. En plus d'une répudiation des lois de connaissance objective du monde, il révèle en même temps un socle démiurgique qui veut reconstruire de façon volontariste le monde en général et l'univers africain en particulier sur de nouvelles bases.

---

[4]. F. W. J. Schelling, *Système de l'idéalisme transcendantal*, avant-propos de André Léonard, présenté, traduit et annoté par Christian Dubois, Louvain, Peeters, coll. « Bibliothèque philosophique de Louvain », 1978, pp. 7-18. Sur les formes et les métamorphoses de l'idéalisme subjectif ou transcendantal, lire Lénine, *Matérialisme et empiriocriticisme*, Moscou, Éditions du Progrès, 1973. Pour une critique négro-africaine de l'idéalisme subjectif, lire Lewis R. Gordon, *Fanon and the Crisis of European Man. An Essay on Philosophy and the Human Sciences*, NY, Routledge, 1995.

1

Se mettre au pas du monde.

« La tâche proprement romantique – poïétique – n'est pas de dissiper ou résorber le chaos, mais bien de le construire ou de faire œuvre de désorganisation » [Philippe Lacoue-Labarthe, Jean-Luc Nancy, L'Absolu littéraire][5].

« Apparut alors le temps de la suprême glorification de la nature dans la beauté visible des dieux, dans tout l'éclat de l'art et d'une science pleine de sens, jusqu'à ce que le principe à l'œuvre dans le fond se révélât finalement destiné à conquérir le monde, à se soumettre tout et à fonder un empire mondial ferme et durable. Mais parce que l'être (Wesen) du fond, pour soi, ne peut jamais engendrer l'unité véritable et parfaite, vient le temps où toute splendeur se flétrit, où, frappé d'une maladie terrible, le beau corps (Leib) du monde antérieur se désagrège, et c'est finalement le retour au chaos » [F. W. J. Schelling, Recherches sur la liberté humaine][6].

Note de l'auteur

*Ce texte a été exposé publiquement à trois reprises. Tout d'abord lors de la *Conference on Issues in Postcolonial Africa*, University of Douala 24-26 May 2011, colloque organisé par le professeur Kizitus Mpoche ; ensuite lors du

---

[5]. Philippe Lacoue-Labarthe, Jean-Luc Nancy, *L'Absolu littéraire. Théorie de la littérature du romantisme allemand*, Paris, Seuil, 1978, p. 73.
[6]. F. W. J. Schelling, *Recherches sur la liberté humaine et les sujets qui s'y rattachent*, in : *Œuvres métaphysiques* (1805-1821), traduites de l'allemand et annotées par Jean-François Courtine et Emmanuel Martineau, Paris, Gallimard, coll. « Bibliothèque de philosophie », 1980, p. 163.

séminaire de recherche Master-Doctorat de l'Équipe du professeur Emmanuel Malolo Dissakè du Département de philosophie de l'Université de Douala, autour de *l'Essai sur le postcolonialisme en tant que code l'inégalité* [Clé, 2010], avec Eugène Emboussi Nyano, Siméon Mintoumé, Daniel Noumbissie, et Anatole Fogou de l'Université de Maroua, le 17 juillet 2012 ; et enfin lors de la conclusion du programme annuel du Cercaphi sur le postmodernisme, au CLAC Mimboman, le 31 juillet 2012. Je remercie Guillaume-Henri Ngnepi qui a relu soigneusement le manuscrit et en a commenté des parties. John Manning Cinnamon - en séjour comme *Fulbright* au Département de philosophie et d'anthropologie de l'École normale supérieure de l'Université de Yaoundé 1 - a pris une part active à ces débats, nuançant l'un ou l'autre propos trop tranchant de son style sarcastique et acerbe. Le texte a été revisé pour la présente publication.

Le tournant linguistique et interprétatif dans la pensée postcoloniale de l'Afrique subsaharienne.

Afin de faire saisir ce qu'est la pensée postcoloniale en tant que tournant linguistique et interprétatif en Afrique subsaharienne, nous ramasserons en neuf propositions les dimensions politiques, épistémologiques et méthodologiques qui en font le symptôme d'une crise profonde d'identité.

§ 1. En tant que neutralisation postmoderne des philosophies de la libération, la pensée postcoloniale prône la jonction de l'histoire de l'État-nation et du marché universel par la suppression de toute contradiction en général.

Jusque-là en effet, la conscience africaine voulait en finir avec toutes les formes de dépendance et de contrainte extérieure. Il s'agissait en somme de mettre fin à toutes les variétés du néocolonialisme. Aussi la conscience africaine a-t-elle adopté diverses méthodes de lutte pratique et idéologique : la non-violence ou l'*action positive* pour amener les dominateurs à jeter du lest, la praxis révolutionnaire violente face à une oppression coloniale et néocoloniale brutale, agressive et cruelle, l'élaboration théorique d'un *telos* global autour de la libération, de l'égalité et de la maîtrise de la nature. Cela a été fait aussi bien dans la négritude révolutionnaire d'un Césaire, d'un Damas, d'un Diop que dans le consciencisme philosophique partagé grosso modo par Nkrumah, Fanon, Cabral, Mondlane, Machel, Towa, A. D. Traoré, etc. Au contraire, la pensée postcoloniale entend « penser contre Fanon »[7] - et donc

---

[7]. Sur le processus de neutralisation postmoderne de Fanon, lire Achille Mbembe, « Politique de la vie et épreuve du fratricide », *in* : « Avant-propos à la seconde édition », *De la postcolonie. Essai*

aussi contre Nkrumah, Cabral, Machel, Mandela, Biko, etc., qui ont organisé les luttes de libération et les guerres révolutionnaires. Pour la pensée postcoloniale, les conceptions du monde nées des luttes de libération sont des culs-de-sac contre l'homme, parce qu'elles seraient fondées, soit sur la *logique du meurtre*, soit sur la *logique du suicide*. Aussi, pour en finir avec leur ombre spectrale posée comme chimérique, la pensée postcoloniale a décidé d'adapter Fanon, Cabral, Césaire aux contenus et aux exigences actuelles du monde. Selon une logique ancienne de l'exégèse et de l'herméneutique, le but ultime est d'élaborer de façon insidieuse une neutralisation postmoderne des philosophies et des théologies de la libération[8]. On leur oppose donc une vision christique, car il faut désormais *faire communauté* au travers d'une *éthique du prochain* ou du *semblable*. En vue de la future kénose, il n'est donc plus question de donner un quelconque privilège à quelque orientation binaire que ce soit : les hiérarchies dualistes de la tradition et de la modernité, des systèmes des rôles sociaux et de l'émancipation, des dominateurs et des dominés, des exploiteurs et des exploités, des riches et des pauvres, des *winners* et des *losers* du marché universel sont passées de mode parce que la *contradiction en général* et la *contradiction centrale résolutoire* n'existeraient plus. Il n'y a plus, nous dit-on, d'opposition entre le dedans et le dehors, l'intérieur et l'extérieur. À la place, l'idéologie postcoloniale affirme l'opposition politique déshistoricisée et culturalisée de l'Afrique d'*en bas* opposée à celle d'*en haut* incapable de percevoir l'idée christique du prochain et du semblable : c'est le *chômeur*, la *ménagère au foyer*, en quête

---

sur l'imagination politique dans l'Afrique contemporaine, Paris, Karthala, coll. « Les Afriques », 2005, pp. XII. Sur la même orientation d'une lecture de Fanon à travers la grille des études postcoloniales d'une reconnaissance de la différence et de l'altérité, lire Achille Mbembe, « L'universalité de Frantz Fanon », Préface à Frantz Fanon, *Œuvres*, Paris, La Découverte 2011 ; Achille Mbembe, « La pensée métamorphique. À propos des œuvres de Frantz Fanon », Préface à *Frantz Fanon par les textes de l'époque*, Paris, Les Petits Matins, 2012.

[8]. Immanuel Wallerstein dénonce la tendance à faire de Fanon un postmoderne, *cf.* « Reading Fanon in the 21st Century », *in :* New Left Review, May-June 2009.

d'inclusion⁹ ; c'est aussi cette *politique de Caïn* qui nous habitue à la sortie du paradigme de « la lutte entre « père » et « fils » - c'est-à-dire du rapport entre colonisateur et colonisé » tout en occultant l'intelligence de l'homicide, du fratricide et du suicide en cours dans « l'intensité de la « violence du frère à l'égard du frère » et le statut problématique de la « sœur » et de la « mère » au sein de la fratrie »¹⁰ ; il ne faut pas aussi oublier la dernière marotte postcoloniale qui oppose les jeunes aux vieux – comme si dans le monde réel, les gens de tous âges ne doivent plus vivre ensemble. Aussi des idéologues de l'Eurafrique et de l'ajustement à la mondialisation glosent-ils à longueur de pages et avec énergie contre les simplifications abusives des approches *dépendantistes*. Ils tiennent pour leur part à souligner la primauté de l'*historicité propre des sociétés africaines* - c'est-à-dire leur « légalité propre », leurs « propres raisons d'être » et leur « rapport à rien d'autre qu'à elles-mêmes »¹¹. Par *historicité propre* des sociétés africaines, les idéologues de notre ajustement à la mondialisation ultralibérale veulent grosso modo dire que les sociétés africaines sont entièrement responsables de leurs malheurs. Le philosophe congolais Jean Peut-Être Mpele dénonce dans un tel raccourci une opération métaphysique qui surestime l'octroi de l'indépendance. Car parler « d'historicité propre » ou de « légalité propre » présuppose l'équation : indépendance = souveraineté : « Le terme « néocolonialisme » exprime – dit le philosophe congolais - l'articulation hiérarchisée des intérêts du capital métropolitain et des élites ou couches dominantes locales, qui jouissent d'une assez large autonomie, mais d'une autonomie tout de même limitée par le principe de non-remise en cause des fondamentaux de la domination. Cette

---

9. Jean-Godefroy Bidima, *Théorie critique et modernité négro-africaine. De l'École de Francfort à la « Docta spes africana »*, *op. cit.*, pp. 240-241.
10. Achille Mbembe, « Politique de la vie et épreuve du fratricide », *Avant-propos à la seconde édition, De la postcolonie*, *op. cit.*, p. XI.
11. Achille Mbembe, *De la postcolonie*, *op. cit.*, p. 14.

notion permet d'articuler identités et différences d'intérêts économiques et géopolitiques, et permet de penser la possibilité de rapports conflictuels. C'est cette articulation - que le passage à la phase néolibérale de la mondialisation rend encore plus complexe – qui permet de comprendre les crises actuelles pensées comme uniquement « africaines », c'est-à-dire comme l'expression automatique d'un archaïsme ou d'un atavisme traditionnel précolonial ou pré-moderne »[12].

Derrière l'idée d'une « historicité propre » est donc affirmée la thèse que les difficultés des Africains tiennent essentiellement à leur culture, à leurs traditions qui refuseraient aussi bien les normes de la productivité et de la modernité capitalistes que la conflictualité qui en découle. Tels sont par exemple les positions de Jean-François Bayart et de Daniel Etounga Manguelle. Ce dernier veut en effet que les Africains assument « le conflit ouvert » ; ce qui est une façon euphémique pour dire qu'il leur faut assumer sans états d'âme l'aggravation des tensions et des luttes sociales[13]. Minéralisées par le magma intemporel et anhistorique d'imaginaires ancestraux et coloniaux de *khrêmastistikê* et de *pleonexia*, les Africains sont incapables d'accepter l'existence de *maîtres corporels* fondée sur l'assomption concrète – mais non métaphysiquement motivée ou justifiée - de l'inégalité entre les hommes. Au lieu de quoi, les sociétés africaines préfèrent l'extraversion et la prédation qui deviennent de ce fait des essences

---

[12]. Jean Peut-Être Mpélé, « Identité et cosmopolitique en Afrique subsaharienne », in : *Raisons Politiques,* n° 21, février 2006, pp. 73-74. Jean-François Bayart a théorisé cette situation avec l'idée d'une « dialectique du contrôle et de l'autonomie », *L'État en Afrique. La politique du ventre,* Paris, Fayard, 1989, p. 49. Pour une critique de la tendance à nous tenir dans « le vestibule de l'Europe » confinés au « rôle de simples administrateurs des intérêts des dominants », lire Severino Elias Ngoenha, « Introspection africaine et anthropologie : les paradoxes du libéralisme à la mozambicaine », in : *Revue européenne des sciences sociales,* Tome XLIV, 2006, n° 134, pp. 193-202.
[13]. Daniel Etounga Manguelle, *L'Afrique a-t-elle besoin d'un ajustement culturel ?,* Paris, Actes Sud, 1993.

constitutives d'un changement d'ère – l'ère de la postcolonie, celle du désir illimité des biens et des richesses ainsi que l'abrutissement dans la jouissance. Il est donc désormais conseillé aux Africains de se situer loin de toute vision du monde qui parle en termes de polarisation du monde et d'iniquité des rapports mondiaux. L'abus du discours dépendantiste empêcherait de voir qu'il faut désormais *faire communauté* au cœur des flux d'une globalisation qui n'offre plus qu'un *vaste réseau d'opportunités*[14]. Il s'agit désormais de sacrifier au projet d'une démocratie multiculturelle ou transculturelle. En réalité, une telle vision veut interdire toute envie de se battre et de lutter, notamment parce que tous les systèmes culturel, idéologique et philosophique auraient la même valeur. Ainsi, au nom de la « problématique transculturelle » fondée sur « la culturalité essentielle de tout système idéologique ou philosophique », Pius Ondoua dénonce désormais « la perte de vue de la pluralité : pluralité des rationalités et diversités culturelles, la reconnaissance de la pluralité des rationalités et des diversités culturelles ouvrant au pluralisme et valorisant, dans le culturalisme, la conjonction non agonistique des identités et des différences »[15]. L'ode au semblable, à l'autre, à un monde commun, à la commune humanité, au besoin de faire commun, ne s'oppose pas à la pluralité des rationalités ou à la *conjonction non agonistique des identités et des différences*. Les deux perspectives réalisent l'ère d'une *convergence panhumaine* jadis souhaitée par Léopold Sédar Senghor : chacun apporte son *style*, son mode de connaissance spécifique et intemporel au

---

14. Achille Mbembe, « A propos des écritures africaines de soi », in : *Politique Africaine*, « Philosophie et politique en Afrique », Paris, Karthala n° 77, 2002, p. 31.
15. Pius Ondoua, *La Raison unique du « village planétaire ». Mythes et réalités de la mondialisation*, Paris, L'Harmattan, coll. « Pensée africaine », 2010, pp. 144-145, cf. aussi pp. 154-155. Sur la réflexion multiculturelle dans la pensée diasporique négro-africaine, lire Paul Gilroy, *Against Race. Imagining Political Culture Beyond the Color Line*, Harvard, Harvard University Press, 2000; Kwame Anthony Appiah, *The Ethics of Identity*, Princeton, Princeton University Press, 2005.

rendez-vous du donner et du recevoir. Mais le style africain doit accepter une place inférieure dans le *grand orchestre* panhumain.

Reste que l'objectif essentiel de ce moment historique demeure le procès de l'accumulation du capital. Il commande aujourd'hui la réduction de la pensée à la forme langagière du jugement, à l'éloge du multiculturalisme, au droit à la différence et à l'ontologisation des cultures, à la fin de toute pensée de l'antagonisme de classe. Ces perspectives aboutissent en dernière analyse à l'idée que la seule réalité désormais acceptée, c'est le marché universel qui serait pour tous une chance ou un *vaste réseau d'opportunités*. Certains sont à la hauteur de ce défi. Mais d'autres ne sont pas à la hauteur des exigences des temps nouveaux. Leur échec est une faute qui leur revient à cause de leur idiosyncrasie ou de leur culture. Cette vision optimiste mais clivée d'une mondialisation heureuse veut nous habituer à deux idées complémentaires du penser *glocal*. La première idée est que l'ordre du monde exige que l'argent soit l'équivalent général. La deuxième idée est que l'échelle des identités et des diversités prescrit que chacun soit vu en fonction de sa culture. La vérité objective n'a plus de valeur référentielle, car rien n'est au-dessus ni de l'argent ni de la différence culturelle. Face à l'homogénéité abstraite du capital, deux processus apparaissent ainsi étroitement intriqués. D'un côté tout est désormais convertible en argent « qui détruit les racines partout où il pénètre en remplaçant tous les mobiles par le désir de gagner. Il l'emporte sans peine sur les autres mobiles parce qu'il demande un effort d'attention tellement moins grand. Rien n'est si clair et si simple qu'un chiffre »[16]. Aussi l'argent empêche-t-il d'être inscrit dans un milieu culturel et symbolique pour digérer ce qui vient de l'extérieur. D'autre côté, tout n'est que revendications identitaires de l'idéologie culturaliste : « De quoi en effet se compose notre

---

[16]. Simone Weil, *L'Enracinement ou Prélude à une dévastation des devoirs envers l'être humain*, Paris, Flammarion, coll. « Champs/Classiques », 2014, p. 114.

actualité ? La réduction progressive de la question de la vérité (donc de la pensée) à la forme langagière du jugement, point sur lequel s'accordent l'idéologie analytique anglo-saxonne et la tradition herméneutique (le doublet analytique/herméneutique cadenasse la philosophie académique contemporaine) aboutit au relativisme culturel et historique [...]. Le réel unificateur de cette promotion de la vertu culturelle des sous-ensembles opprimés, de cet éloge langagier des particularismes [est], de toute évidence, l'abstraction monétaire, dont le faux universalisme s'accommode parfaitement des bigarrures communautaristes [...]. Et ce n'est pas en renonçant à l'universel concret des vérités pour affirmer le droit des « minorités » raciales, religieuses, nationales ou sexuelles, qu'on ralentira la dévastation [...]. Il y a d'un côté une extension continue des automatismes du capital [...] : le monde enfin *configuré*, mais comme marché, comme marché mondial. Cette configuration fait prévaloir une homogénéisation abstraite. Tout ce qui circule tombe sous son unité de compte, et inversement ne circule que ce qui se laisse compter [...]. D'un autre côté, il y a le processus de fragmentation en identités fermées, et l'idéologie culturaliste et relativiste qui accompagne cette fragmentation [...]. Deleuze le disait exactement : la déterritorialisation capitaliste a besoin d'une constante reterritorialisation. Le capital exige, pour que son principe de mouvement homogénéise son espace d'exercice, la permanente surrection d'identités subjectives et territoriales, lesquelles du reste ne réclament jamais le droit d'être exposées, au même titre que les autres, aux prérogatives uniformes du marché. Logique capitaliste de l'équivalent général et logique identitaire et culturelle des communautés ou des minorités forment un ensemble articulé »[17].

---

[17]. Sur cette question, on lira Alain Badiou, *Saint Paul. La fondation de l'universalisme*, Paris, PUF, coll. « Les Essais du Collège international de philosophie », 1997, notamment le chapitre 1 : « La contemporanéité de Paul », p. 7-8-10-11.

L'afrocosmopolitisme – rapidement débaptisé pour être désormais l'afropolitanisme - est un courant de la pensée postcoloniale qui travaille pour un processus radical de déterritorialisation. Parce qu'il est un mondialisme adepte de l'universalité du capital, il affirme le lien indissoluble entre l'Etat-nation et le marché universel. Très notable est donc ce propos d'Achille Mbembe : « On peut dire que la pensée postcoloniale est, à plusieurs égards, une pensée de la mondialisation, même si, au point de départ elle n'utilise pas ce terme. Et d'abord, elle montre qu'il n'y a guère de disjonction entre l'histoire de la nation et celle de l'empire »[18]. Il s'agit là - absolument - d'une affirmation fondamentale des philosophies de l'ajustement. Pour celles-ci en effet, le seul universel réellement existant, c'est le marché mondial. Et puisque le principe qui le guide a été circonscrit et approprié par le *maître du grand jeu stratégique*, le vaincu doit se rendre invisible et marginal - ce qui rend désormais impossible de penser en termes de *raison* et de *révolution*. Et comme rien n'est plus extérieur d'une façon absolue à la logique du marché universel – car si l'extérieur n'est pas encore intégré, il le sera plus tard d'une façon ou d'une autre -, l'essentiel est de quémander une place dans ses interstices. Cette place peut prendre la forme de l'exil, de la dispersion, du braconnage, du métissage, mais surtout de la ruse pour grappiller quelques petits avantages à la domination internationale. Il faut en somme être dans le circuit, dans la combine, servir d'intermédiaire - pour paraphraser Fanon – entre le capital et son monde. De ce point de vue, toute volonté de *triomphe viril* et tout droit à l'initiative historique renvoient à des temps révolus où l'on pouvait penser à une révolution nationale ou sociale - et donc lutter pour sa réalisation. La philosophie postcoloniale ne veut plus qu'on parle de l'insertion des peuples africains dans la communauté humaine en peuples majeurs. Il ne

---

[18]. Achille Mbembe, « Qu'est-ce que la pensée postcoloniale ? », *in : Esprit*, décembre 2006, n° 12, p. 12.

faut donc compter ni sur la raison, ni sur l'intelligibilité du réel, ni sur la possibilité d'une transformation radicale de notre place dans l'ordre du monde, au moyen de sa restructuration.

Les philosophies de l'ajustement ne nous apprennent rien de nouveau. La jonction des États-nations d'Europe et de l'Empire est une donnée historique qui s'est caractérisée par la négation de notre humanité par la traite, l'esclavage, le colonialisme et le néocolonialisme rampant[19]. En effet, plus l'Occident a progressé dans la rationalisation du monde naturel et social au moyen du principe du profit, plus la force qu'il a acquise sur les éléments lui a donné des moyens colossaux pour vaincre les peuples non-occidentaux. Et, aujourd'hui, pour ouvrir les marchés au capital, l'Empire poursuit ce processus de domination en combinant savamment le *soft power* de l'idéologie libérale - État de droit, démocratie, droit de l'homme et bonne gouvernance, extension de la société civile – et le recours brutal et sans concessions à la canonnière par le biais de guerres de recolonisation avec l'aval de la « communauté internationale ». Le discours idéologique a aussi changé : le but est désormais la « protection de la démocratie » et des populations. Ce qui peut prendre la figure du « droit d'ingérence démocratique » ou de meurtres extrajudiciaires et extralégaux avec l'appui de drones et de forces spéciales.

Qu'il prenne le nom de l'Eurafrique ou de la Mondialisation, l'Empire instrumentalise les règles du droit international existant contre les États et les nations qui luttent pour construire un pôle autonome de puissance et tentent de résister au *diktat* ultralibéral. Eleni Varikas a donc raison de souligner la nécessité de « *penser ensemble* [...] deux dimensions étroitement liées et coextensives d'un même phénomène, la formation des *États-nations* au sein de

---

[19]. Pour un modèle d'éloge assumé du néocolonialisme, lire Jean-François Bayart, *La Politique africaine de François Mitterrand*, Paris, Karthala, coll. « Les Afriques », 1984.

l'Europe et la formation des empires coloniaux en dehors de celle-ci »[20]. Malgré une métaphysique nationale spontanée, la genèse des États-nations du XVIIe au XIXe siècle en Europe et en Amérique n'est pas « un processus autonome – une dynamique géophysique, démographique, spirituelle et morale unique, indépendante des relations nouées avec l'Amérique, l'Afrique, l'Asie, dans le cadre de la conquête, de la colonisation, de l'esclavage »[21]. Dès lors, pour Eleni Varikas, reprendre le récit canonique qui associe la formation de l'État-nation au processus de civilisation (Norbert Elias), à la rationalisation de la société (Max weber) et aux progrès de la liberté universelle, c'est légitimer et occulter la colonisation, et donc renforcer la disjonction entre l'étude, la compréhension de la formation et de la consolidation des États-nations européens et celle de leur expansion en dehors de l'Europe.

En faisant de la jonction entre histoire de la nation et Empire une donnée naturelle de la mondialisation capitaliste, Achille Mbembe veut légitimer l'entreprise du système de la civilisation ultralibérale en cours. Il veut par ce fait même marginaliser le discours de ceux qui la contestent au sein de nos sociétés. Et du même geste, on comprend qu'Achille Mbembe s'oppose à toute la conscience africaine qui a impulsé les luttes de libération pour sortir l'Afrique de la dépendance à l'*imperium* – qu'il se donne sous la forme de la « Mission civilisatrice » française, de la *British Empire* ou de « l'Axe du Bien » américain. Achille Mbembe critique en principe la violence révolutionnaire. Nous avons vu qu'il dit « penser contre Fanon » à ce sujet. Sa thèse est la suivante : en reprenant de façon inversée l'idéologie coloniale et raciste, notamment la déracialisation du pouvoir et de la propriété, mais cette fois au profit des Africains, l'idéologie nationaliste de la violence

---

[20]. Eleni Varikas, « L'intérieur et l'extérieur de l'État-nation. Passer … outre », *in : Raisons politiques,* n° 21, février 2006, p. 5. C'est l'auteur qui souligne.
[21]. *Idem,* p. 6.

révolutionnaire ne voit pas que tout sang versé ne produit pas nécessairement la vie et la liberté. Cette critique de la violence révolutionnaire contre le colonialisme veut parler à notre actualité, aux luttes en cours dans nos sociétés. Elle nous dit en somme qu'il ne faut plus contester l'impérialisme. L'idée est qu'il faut « faire avec » l'ordre du monde en cours. Cette thèse est d'ailleurs explicitement formulée par Jean-Godefroy Bidima et par Bassidiki Coulibaly. Le premier met en garde contre tout *triomphe viril* et toute volonté de revanche historique, en même temps qu'il demande de ne plus se préoccuper de ce que le colonialisme et le marché universel nous ont fait et nous font[22]. Le second critique l'orgueil prométhéen qui se développe chez les Africains[23]. C'est aussi de ce point de vue qu'Achille Mbembe ravale la conscience critique africaine au rang d'une « interminable incantation » qui ramène l'histoire africaine à quelques « gestes tragiques, expériences fantomatiques et objets phobiques par excellence : l'esclavage, la colonisation et l'apartheid – auxquels l'on s'efforce d'ajouter, aujourd'hui, la mondialisation »[24]. Une telle psychiatrisation de la critique de la place qui nous est faite dans le monde – en la réduisant à une maladie de notre *psyché* - veut clore le débat pour faire accepter l'existant sans broncher - à la schlague. Il en est ainsi parce que la pensée postcoloniale travaille pour le libre-échange généralisé – pour la volonté de contrôler les conditions de l'échange. Il n'est pas surprenant que dans nos sociétés les partisans d'une telle perspective soient fort critiques à l'égard de toute tentative de déconnexion : elle leur apparaît comme une volonté de mettre en

---

[22]. Jean-Godefroy Bidima, *La Philosophie négro-africaine,* Paris, PUF, coll. « Que sais-je ? », 1995, p. 69.
[23]. Bassidiki Coulibaly, *Du Crime d'être « Noir ». Un milliard de « Noirs » dans une prison identitaire,* préface de Louis Sala-Molins, Paris, éditions Homnisphères, coll. « Latitudes noires », 2006, p. 119 sq.
[24]. Achille Mbembe, « A propos des écritures africaines de soi », *in Politique Africaine,* « Philosophie et politique en Afrique », Paris, Karthala, n° 77, mars 2000, p. 17.

place des politiques économiques de retrait du marché mondial. Il y a là une criminalisation préventive de toute idée d'affirmation historique.

L'idée d'une affirmation historique de l'Afrique – qu'elle prenne la figure d'un *centre en soi*, d'un *triomphe viril*, du *prométhéisme* - est en effet posée par la pensée postcoloniale comme une dangereuse utopie, un rêve fou, parce que ne serait pas perçu le caractère ouvert des possibilités historiques d'un monde qui ne constitue plus en soi une menace[25]. L'opinion dominante est désormais qu'on ne peut plus énoncer l'abolition du *règne de* la *prolifération de la marchandise* comme condition et horizon incontournable de l'émancipation humaine. Parce qu'il n'y aurait plus d'alternative, l'abolition de la production du règne de la marchandise et de la seule valeur d'échange est de l'ordre des projets radicaux et globaux dont la source tiendrait de *traditions dangereuses*. On y subodore militarisation du travail, effondrement de la distinction entre État et société, terreur et meurtre. Pour la perspective que nous exposons, une telle logique de l'Histoire ne peut accoucher que de processus violents qui tiennent à son oblitération d'une pluralité posée comme obstacle à la réalisation finale d'un *telos* prédéterminé. Aussi la pensée postcoloniale écarte-t-elle définitivement le possible qu'est l'idée de souveraineté politico-économique de l'Afrique unie, en tant que droit à l'émancipation réelle. Pourquoi ? Parce que l'unique horizon du pensable est l'Empire. Aussi les courants de pensée qui travaillent contre une intégration passive à l'Empire sont-ils brocardés avec ironie et condescendance comme un refus et une désertion du monde. Mbembe critique donc l'« utopie plus radicale [...] de déserter ou de 'quitter le monde' (la déconnexion) »[26]. Il s'agit là de la part du penseur camerounais d'un clin d'œil à la critique que Gilles Deleuze et Félix Guattari adressèrent à Samir Amin quelques décennies plus

---

[25]. Achille Mbembe, « A propos des écritures africaines de soi », *l. c.*, p. 31.
[26]. Achille Mbembe, « À propos des écritures africaines de soi », *l. c.*, p. 25.

tôt. Dans *Capitalisme et Schizophrénie. L'anti-Œdipe* [1972] en effet, Gilles Deleuze et Félix Guattari estiment qu'on ne peut s'inscrire que dans « l'essence productive du capitalisme » dont la « forme [est] nécessairement marchande ou monétaire […] dont les flux et les rapports entre les flux contiennent le secret de l'investissement de désir » ; et comme « c'est au niveau des flux, et des « flux monétaires, et non pas au niveau de l'idéologie, que se fait l'intégration du désir », il n'y a plus de solution ou de révolution possible : aussi lorsque Samir Amin demande « une voie révolutionnaire » autre que celle exigée par l'accélération indéfinie du « mouvement du marché » - le procès autorégulé, le « processus sans sujet », le processus sans idéologie -, il revient à une « 'solution économique' fasciste » : « Mais quelle voie révolutionnaire, y en a-t-il une ? – Se retirer du marché mondial, comme Samir Amin le conseille aux pays du tiers-monde, dans un curieux renouvellement de la « solution économique » fasciste ? Ou bien aller dans le sens contraire ? C'est-à-dire aller encore plus loin dans le mouvement du marché, du décodage et de la déterritorialisation ? Car peut-être les flux ne sont pas encore assez déterritorialisés, pas assez décodés, du point de vue d'une théorie et d'une pratique des flux à haute teneur schizophrénique. Non pas se retirer du procès, mais aller plus loin, « accélérer le procès », comme disait Nietzsche : en vérité, dans cette matière, nous n'avons encore rien vu »[27]. Il s'agit en somme de la fin d'un sujet actif et centré qui doit laisser la place à un sujet travaillé par un désir compulsif pour consommer – une « machine désirante » en adéquation avec le marché.

---

27. Gilles Deleuze, Félix Guattari, *Capitalisme et schizophrénie. L'Anti-Œdipe*, Paris, Les éditions de Minuit, coll. « Critique », nouvelle édition augmentée, 1972, p. 285.

§ 2. Il s'agit de « *faire avec* » le marché universel en récusant toute autre norme régulatrice de l'existence.

La pensée postcoloniale n'est pas toutefois un système philosophique unique ou unifié. Il s'agit bien plutôt de diverses approches et orientations théoriques qui veulent se constituer en systèmes possibles opposés aux philosophies de la libération (négritude révolutionnaire, consciencisme philosophique) portées par l'utopie mobilisatrice d'un État-nation fédéral africain autocentré et puissant. Nous avons déjà mentionné l'afropolitanisme et l'afrocosmopolitisme comme des figures d'un afromondialisme qui se cherche comme système d'une norme régulatrice de notre existence collective. Il y a d'autres courants : la philosophie de la traversée, le pessimisme historique et culturel, etc. D'autres orientations méthodologiques s'épanouissent aussi dans la théologie négative ou l'apophase, le pragmatisme, l'herméneutique, l'idéalisme transcendantal. Mais ce qui fait l'unité doctrinale de la pensée postcoloniale en Afrique subsaharienne, c'est qu'elle adopte un discours antisystématique et antidialectique. Et ce dernier prend plusieurs directions : il est opposé à l'idée d'une totalité qui renforcerait l'idée du *règne de l'homme* - de sa libération. Ce discours postcolonial s'oppose donc en somme à l'idée d'une véritable *émancipation des hommes*. Le discours antisystématique fait aussi la critique de l'idée du progrès, de l'unicité de la raison en tant que faculté humaine fondamentale. Il se caractérise par ailleurs par une méfiance à l'égard du développement des sciences où il perçoit seulement un *anthropocentrisme absolu* qui ne prend pas en compte la destruction de l'environnement. Pour asseoir son ordre catégoriel, le discours philosophique postcolonial puise de façon éclectique dans divers héritages théoriques et philosophiques : l'École de Francfort avec Max Horkheimer et Theodor W. Adorno, la *French Theory* avec Gilles Deleuze, Michel Foucault, Jacques

Derrida, Jean-François Lyotard, la pensée faible de Gianni Vattimo, le néopragmatisme de Richard Rorty[28], etc. Nous savons que ces penseurs et courants de pensée se réclament eux-mêmes à un niveau ou un autre de Friedrich Nietzsche et de Martin Heidegger dans leur volonté de mettre fin d'une part au ressentiment des faibles et d'autre part à l'illusion de la métaphysique dans son procès de rationalisation comme dans son exigence de fondement[29]. Aussi la pensée postcoloniale veut-elle en finir avec la recherche de fondements, de téléologies et de toute conception régulatrice de l'existence qui ne sanctifient ni n'acceptent l'ordre existant du libre-échange. Il n'est donc pas surprenant de voir ces philosophies dites postcoloniales converger pour la plupart vers l'invalidation et la délégitimation de tendances précises de la pensée philosophique du sous-continent depuis 1935[30]. L'antienne est de *penser contre* l'afro-radicalisme - le marxisme, le nationalisme, le panafricanisme, l'égyptomanie, le consciencisme - au nom d'une perspective christologique du semblable et de la possibilité cosmopolitique d'un monde commun, d'une commune humanité. Aujourd'hui seule doit s'imposer aux consciences une pensée-monde constituée par l'hétérogénéité et la circulation des mondes et de toutes sortes de flux.

On ne peut comprendre cette critique que si on se souvient que les sociétés africaines actuelles ont notamment connu un reflux des « soleils des

---

28. Sur le pragmatisme comme méthode et comme vision du monde, on lira le texte de Nkolo Foe, « Pragmatism as a Vision of the World and a Method: A Philosophical Examination of the Challenges Presented to Contemporary Social Research by Subjective Idealism », *in: Jean-Bernard Ouédrago/Carlos Cardoso (edited by), Readings in Methodology. African Perspectives,* Dakar, Codesria, coll. Codesria Book Series, 2011. Grégoire Biyogo assume l'héritage du néopragmatisme postmoderne et de la sophistique, car il veut l'extension aux confins de la terre d'un Etat libéral qui régule le flux du marché, cf. Grégoire Biyogo, *Adieu à Jacques Derrida. Enjeux et perspectives de la déconstruction,* Paris, L'Harmattan, 2006, p. 123.

29. Jean-François Mattéi, *L'Enigme de la pensée,* Nice, Ovadia, coll. « Chemins de pensée », 2006, p. 92.

30. Notre périodisation historique suit celle de l'*Histoire générale de l'Afrique, VIII. L'Afrique depuis 1935,* sous la direction d'Ali A. Mazrui et C. Wondji, Paris, Présence Afrique/Edicef/Unesco, 1998.

indépendances » à la suite de toutes formes de déni du droit. Cela a d'abord élargi la dimension fortement exilique et diasporique des composantes humaines des anciennes métropoles de l'Empire par des populations issues des anciennes colonies. Haïtiens, Africains-Américains, Caribéens et Créoles, etc., y sont rejoints par des Africains confrontés à la fois au despotisme obscur et au tsunami économique, social, sanitaire qu'a été l'ajustement structurel. L'exigence d'une assomption de l'hétérogénéité – multiraciale, multiculturelle, transculturelle, *afropolitaine*, *afropéenne* - parle donc aux populations immigrées voulant leur intégration au Centre comme citoyens à part entière et non aux marges des pays d'accueil. Anti-nativistes, certains n'y aiment plus tellement le *manioc* et abhorrent l'esthétique locale des sociétés africaines contemporaines, parce que, monumentale, elle est faite de vulgarité, de laideur et de saleté morale à leurs yeux. Mais dans la vision excrémentielle et scatologique d'une postcolonie négativement ontologisée perce une volonté hygiéniste de nettoyage ou de purification. Un tel horizon se heurte donc frontalement à la téléologie de l'unité, de la synthèse et de la libération comme condition de possibilité du développement de ceux qui sont restés et veulent construire des États-nations voire un État-nation de l'Afrique unie ou fédérale. L'opposition des desseins ne peut être qu'explosive dans la mesure où – juchées sur la crête des impulsions théoriques essentielles des diasporas noires (liberté, égalité, panafricanisme en tant que conditions essentielles du développement) – nombre d'Africains se sont battus et se battent encore contre l'Empire auquel on veut désormais borner leur horizon. Aussi s'opposent-ils à l'idée que l'Afrique ne pourrait plus être un *centre en soi*, qu'elle devrait suivre l'agenda stratégique de ses diasporas qui apporteraient une conscience constante du passage, de la fluidité, de la circulation et du frayage. De là est née une abstraite alternative métaphysique et ontologique : soit la mobilité, la flottaison et la fluctuation déterritorialisées, diasporiques, exiliques gagnées par l'esprit de vigilance, soit la statique inertie prédatrice d'États issus du nationalisme. L'innocence et la pureté que conférerait automatiquement l'exil masque le vrai débat – celui de notre place dans le monde. Son propos semble être de cacher la violence et la cruauté structurelles de l'ordre marchand sous les traits d'une identité humaine générique fluctuante.

Observons qu'à l'orée de la première mondialisation, l'Europe a aussi eu des diasporas issues des guerres ; elle a aussi connu une dispersion de ses populations soit à la suite de persécutions religieuses et politiques soit à la suite de la misère : elles se sont donc éparpillées à travers le monde. L'Europe a néanmoins vu ses États se constituer en centres en soi, qui ont évolué plus tard vers une forme transnationale limitée, subsidiaire. Aussi certains Africains répudient-ils fermement l'essentialisation des formes flottantes et mobiles du réel et de l'existence : ils se déclarent résolument en faveur d'un fondement stable de l'existence collective. Et ce fondement doit tourner autour de l'initiative historique qui permette le passage à l'autre sur la base de la dialectique des besoins du soi propre. Remarquable à ce sujet est aussi le fait que les Africains venus d'Asie, d'Arabie, d'Europe, d'Amérique – pour fuir comme les Africains actuels toutes sortes de misères, pour échapper à la guerre, à la persécution, ou habités par l'espoir d'une vie paisible loin de régimes dictatoriaux ou mus par la soif des richesses – n'ont pas refusé ou ne refusent pas que leurs pays d'origine soient des *centres en soi*. C'est dire que l'agenda africain ne doit pas seulement être diasporique. Une seule province – qu'elle quelle soit - ne peut accaparer l'ordre du pensable et du possible. L'ordre exilique doit se couler dans la téléologie d'une totalité en mouvement vers son auto-affirmation dans l'histoire[31]. Et celle-ci a pour fondement la libération comme possibilité du développement.

Il faut ensuite se souvenir que les différentes sphères du droit abstrait – la liberté de la personne, la sûreté de la propriété – n'ont pas été et ne sont pas garanties en toute égalité dans les sociétés néocolonisées qui subiront plus tard la contrainte de la dette. Les méthodes brutales et autoritaires de désendettement ont aggravé l'exclusion radicale de la grande majorité de « l'unité substantielle » de la société par la misère avec « l'engendrement d'une populace, lequel, à son tour apporte en même temps avec soi la facilité accrue de concentrer des fortunes disproportionnées entre peu de mains »[32]. Aussi cette situation a-t-elle fait venir à la conscience collective des questions angoissées : À qui revient la faute ? Comment expliquer notre échec ? Qui est responsable du désastre ? Sommes-nous maudits ? Des formes de schizophrénie culturelle, de conscience malheureuse, de culpabilité, d'auto-flagellation, de mortification, mais aussi le fantasme d'une purification morale de la saleté et de la vulgarité ambiantes, etc., se sont épanouis sur un terreau nourri par l'essentialisme culturel. Le postulat culturaliste du pessimisme culturel et historique qui a dominé ce moment historique affirme que ce sont les traditions culturelles africaines qui sont responsables de notre échec à maîtriser la modernité économique et démocratique. Certains ont repris précisément à ce moment-là un diagnostic ancien d'une « crise du muntu » - selon le titre d'un ouvrage de Fabien Eboussi Boulaga. On a alors parlé en

---

[31]. Sur le thème et les figures de l'exil dans la littérature, lire l'œuvre entière de Mongo Beti qui, dans les dernières œuvres, confère un rôle quasi messianique aux exilés.

[32]. Hegel, *Principes de la philosophie du droit*, texte intégral, accompagné d'extraits de cours, présenté, révisé, traduit et annoté par Jean-François Kervégan, Paris, PUF, coll. « Fondements de la politique », 1998, § 244. Le concept hégélien de *populace (pöbel)* correspondra dans le vocabulaire marxiste à celui de *lumpenprolétariat*.

termes de crise ou de disparition[33] de l'humanité africaine confrontée à une modernité qu'elle n'arriverait pas à maîtriser ou à acclimater, quelle que soit la voie - rationaliste ou traditionaliste - qu'elle tente d'emprunter. Aussi diverses logiques culturelles antagoniques - africaines, européennes, asiatiques, islamiques - s'y rencontrent et s'y affrontent – mais sans la possibilité d'une synthèse comme le veut le consciencisme philosophique.

La pensée postcoloniale ne veut pas formellement d'une synthèse – même provisoire. Elle feint d'ignorer que la faculté de connaissance doit quitter le domaine de la synthèse comme elle y entre, car aussi bien à l'aval qu'à l'amont la synthèse est toujours provisoire à cause de la quête irrépressible par l'humanité d'une unité absolue, c'est-à-dire de termes ultimes appelés par tout effort vraiment philosophique : « On ne peut penser la synthèse sans présupposer qu'elle-même aboutisse *à la fin* à une *thèse* absolue. *Le but final de toute synthèse est une thèse* […]. Cependant une critique de la faculté de connaître n'est pas capable de déduire – comme cela doit pourtant être le cas dans une science achevée – de l'unité originaire absolue qui devance toute synthèse, cette affirmation que toute synthèse vise finalement une unité absolue ; elle en est d'autant moins capable qu'elle n'est pas encore parvenue à s'élever à *cette* unité […]. Il lui faut donc reconnaître que la raison théorique tend nécessairement à un Inconditionné et qu'une thèse absolue est nécessairement requise à titre de fin de toute philosophie, par ce *même* effort, grâce auquel une synthèse a été produite : elle est donc obligée par là même de réduire à néant ce qu'elle venait tout juste d'édifier »[34].

---

33. Ka Mana, *L'Afrique va-t-elle mourir ?*, Paris, Karthala, 1993.

34. F. W. J. Schelling, *Lettres philosophiques sur le dogmatisme et le criticisme, in : Premiers écrits (1794-1795),* présentation, traduction et notes par Jean-François Courtine, avec la collaboration de Marc Kaufmann, suivi d'une étude sur *Finitude et liberté. Le statut du Moi fini et la destination de l'homme du* Vom Ich *aux* Briefe, Paris, PUF, coll. « Epiméthée/Essais philosophiques », 1987, p. 167.

Le refus de toute synthèse correspond en réalité à une doctrine pratique. L'opposition à une réalité et à un possible devant être reconfigurés après une synthèse même provisoire signifie qu'il n'est plus question d'opposer une vision globale à celle de l'Empire pour le contester frontalement. Pour la philosophie postcoloniale, la lutte souvent violente à l'égard de plus puissant que soi équivaut à la recherche du suicide : « Fanon suggère que dans des contextes de sujétion absolue et d'abjection pour cause raciale, l'on ne devient soi-même qu'en s'accaparant de [*sic*] cette capacité de donner la mort [...]. Plus radicalement, Fanon semble dire que dans de tels contextes, donner la mort à l'ennemi n'est pas seulement un devoir, mais une responsabilité politico-éthique [...]. Définir une politique de la vie si étroitement dépendante de l'acte de donner la mort à l'ennemi – et du signe qu'est la pourriture – ne va pas sans poser des problèmes. Certains sont quasiment insolubles. D'abord, comme on le sait, on ne peut pas donner la mort à un ennemi surarmé sans risquer, dans le même geste, sa propre vie. La « donation de la mort » s'inscrit donc, de part en part, dans une structure de circulation régie, la plupart du temps, par la loi de répartition inégale des armes. Ensuite, si « donner la mort » signifie également la possibilité de « se donner à soi-même » sa propre mort dans le grand sacrifice de soi que représente la guerre révolutionnaire, en quoi la logique du meurtre est-elle différente de la logique du suicide ? »[35]. Ce propos assume une forme déterminée de légalisme[36]. Schelling l'avait refusé dans *Lettres philosophiques sur le dogmatisme et le criticisme* : il ne faut pas que l'ordre puissant déjà-là – le Dieu moral, l'ordre moral ou politique – soit

---

[35]. Achille Mbembe, « Politique de la vie et épreuve du fratricide », *Avant propos à la seconde édition* (2005), *in* : *De la Postcolonie, op. cit.*, pp. XIV – XV.

[36]. Achille Mbembe le fait aussi au nom d'une éthique christique du prochain – celle de l'accueil de l'autre en tant qu'il est un semblable. Mais en proposant comme il le fait par ailleurs l'exploitation des dominés d'Afrique, il oublie– lui le partisan de l'herméneutique - la parabole du roi qui invite à son banquet riches et pauvres. Ensuite, pour paraphraser Rousseau dans *L'Émile*, aucune éthique du prochain ne peut être crédible, si on aime d'autant plus le lointain et l'étranger qu'on veut réaliser l'exclusion sociale du proche et qu'on n'a que désamour pour la culture du soi.

accepté sans lutte par le sujet chosifié. Car, alors, la seule destination de l'homme est de s'intégrer à cet absolu réel, de prendre part passivement à la causalité absolue, et donc de supprimer le moi, c'est-à-dire la libre subjectivité. Au choix ou à la « décision pratique » d'accepter l'ordre puissant doit être opposée l'exigence pratique d'activité illimitée qui restreint la causalité objective, car l'idéal de lutte est toujours préférable à la passivité et la lâcheté.

La pensée postcoloniale participe de la quête d'un nouvel équilibre, car le besoin est ressenti d'une voie pour sortir de la crise. La pensée postcoloniale refuse soi-disant toute téléologie pour supposément s'installer dans la téléonomie. En réalité, elle veut réaliser – sans aucune justification philosophique - l'affirmation des individus et la légitimité de leur droit à la propriété privée et à l'inégalité. Cela nous amène à deux réflexions. Tout d'abord, l'appropriation privative des ressources au détriment d'autres tout comme l'affirmation de l'inégalité de quelques-uns pour qu'ils soient au service de certains attestent de ceci : aujourd'hui, quelques-uns parmi nous acceptent le pire tant que le pire ne les affecte pas ou leurs proches. On voit par là ensuite que la pensée postcoloniale est née pour prendre en charge, canaliser et orienter l'effervescence culturelle, politique, sociale et intellectuelle d'un contexte historique où l'on affirme qu'il n'y a d'autre issue que l'existant : selon la vision nominaliste de Margaret Tchatcher « *There is no alternative* ». Aussi nous est-il instamment demandé de faire avec le marché universel, de ne plus nous interroger sur ce que le capitalisme nous a fait et nous fait : « Dans la philosophie africaine de la traversée, l'important n'est pas ce que l'espace africain a été, ni ce que la colonisation en a fait, ni même ce que l'État et le marché en font […] Le marché et l'État étant puissants, il faut miser sur le principe d'économie qu'est la ruse (Métis) »[37]. En somme, il nous faut assumer la conquête de nos univers par le capitalisme – mais sans alphabétisation, sans santé publique intégrée, sans industrialisation et sans mobilité internationale de nos populations. Ce sont des appels au désarmement collectif.

§ 3. Au nom des *intentions fondatrices du divin*, il s'agit de faire la critique d'une modernité désenchantée, laïque et d'une raison autofondatrice.

Devenue la nouvelle idéologie de l'intelligentsia en sciences sociales, en sciences politiques, en épistémologie, en logique, en philosophie des sciences, en métaphysique, etc., la théorie postcoloniale s'attaque principalement aux discours philosophiques africains qui se préoccupent de penser rationnellement et conceptuellement notre être-au-monde. Il n'est plus question de connaître rationnellement le monde pour mieux le contrôler, en vue de le transformer radicalement – si possible. Au contraire, on nous conseille – avec bienveillance – de ne rien attendre de la déesse raison ou de la révolution. Il en est ainsi parce que le socle philosophique de la pensée postcoloniale s'affirme comme une vive critique de la conscience moderne, notamment la philosophie des Lumières, l'hégélianisme et le lien qu'il établit entre modernité et rationalité, l'idée du progrès, l'autonomie individuelle. La rationalité en elle-même est dépréciée comme une capacité humaine pour se rendre intelligible le réel pour le maîtriser. La rationalité en soi est délégitimée, car elle serait source de violence, de terreur, d'irrationnel. La rationalité se révèle incapable de saisir que le réel, le sens d'une existence et la compréhension du sujet humain seraient essentiellement complexes. Poser désormais le réel comme complexe, mystérieux et incompréhensible signifie que la rationalité ne peut apporter la

---

[37]. Jean-Godefroy Bidima, *La Philosophie négro-africaine,* Paris, PUF, coll. « Que sais-je ? », 1995, p. 69.

vérité totale de l'objet saisi ni la vérité de la totalité de l'être. Face à une telle limite supposée de la rationalité, beaucoup suggèrent que notre salut viendrait en dernière analyse de Dieu. Ainsi, commentant Meinrad Pierre Hebga – un des théoriciens swedenborgiens au sein de la localité africaine de la mythologie paranormale, des savoirs locaux ou hétérodoxes –, Pius Ondoua pense qu'il faut désormais envisager « la possibilité de la réintroduction de Dieu/de la Transcendance dans la problématique du sens »[38]. La pensée postcoloniale fait donc feu de tout bois : elle utilise le scepticisme à la Gorgias, le fidéisme, l'apophase, la pensée complexe, l'illuminisme à la Swedenborg, etc. Il s'agit pour elle de poser philosophiquement l'inintelligibilité du monde en assumant en dernière instance le postulat postmoderne de la complexité. Sur de tels fondements, elle peut donc affirmer que la nature, l'histoire, la société, l'économie, le droit, la politique sont opaques et inaccessibles à la raison. La philosophie postcoloniale vise notamment l'homme ordinaire que l'on veut enfermer dans l'illuminisme. Aussi pour déchiffrer le sens obscur et mystérieux de l'existence est-il proposé le recours à l'expertise des spécialistes des forces obscures ou opaques de l'histoire, du monde, de la société, de l'économie et de la politique. Herméneutes, sorciers, magiciens, astrologues, devins, charlatans, gourous, communicateurs deviennent dès lors des oracles qui en déchiffrent les mystères, dans le secret et loin des citoyens. C'est ce à quoi renvoie le règne de la nouvelle gouvernance religieuse, économique, universitaire, politique, qui nous installe au cœur de l'ordre censitaire de la *corporate governance.*

Le volet éducatif de l'ajustement structurel se donne donc désormais sous la vitrine attrayante de la « gouvernance universitaire ». C'est la nouvelle frontière à conquérir après la « gouvernance économique » (qui a impliqué les

---

[38]. Pius Ondoua, *La Raison unique du « village planétaire ». Mythes et réalités de la mondialisation,* Paris, L'Harmattan, coll. « Pensée Africaine », 2010, p. 195.

privatisations sauvages, la braderie de tous les actifs nationaux, etc.) ; la « gouvernance religieuse » (qui suppose : le chaos des sectes et des croyances les plus extravagantes, l'installation dans les esprits des dogmes de la théologie de la prospérité d'inspiration ultralibérale et qui fait le culte de la réussite économique individuelle par tous les moyens, ceci au détriment des intérêts de la collectivité) ; la « gouvernance politique » (qui implique : l'Etat de droit, l'installation d'un nouvel ordre marchand, l'émergence d'un entreprenariat politique susceptible de constituer une alternative à la politique en tant que porteuse de projets collectifs, etc.) ; la « gouvernance culturelle » (qui renvoie au démantèlement de la norme traditionnelle en matière de sexualité et à la promotion de la diversité des orientations sexuelles en termes d'homosexualité, de transgenre, etc., au rejet des grandes traditions littéraires, philosophiques, cosmogoniques, artistiques, esthétiques, scientifiques de l'humanité et à la promotion exaltée des savoirs « informels », « hétérodoxes », « locaux » ou « endogènes ») ; la « gouvernance militaire et policière » (*policing*) (dont la prétention est de mettre fin au monopole de la violence légitime par l'État par la privatisation de la gestion de la sécurité et de la souveraineté nationales). La gouvernance universitaire - dont le but ultime est le profit[39] - vient de franchir une nouvelle étape avec l'imposition du système LMD qui affecte le contenu même de ce que nous sommes appelés à enseigner à nos élèves, dont on dit sur un ton pédant qu'ils ont cessé d'être des « élèves » (c'est-à-dire des individus qu'un maître exigeant doit élever vers l'autonomie par le savoir transmis et critiqué), mais un « public », des « jeunes » ou des « apprenants ». À la base de cette novlangue postmoderne, il y a le rejet des « impératifs catégoriques » de type kantien, symbole du souffre de l'autorité du père et de ses Signifiants (refus de la transmission du savoir et

---

[39]. On parle désormais en termes spontanés d'AGR, acronyme d'« Activités génératrices de revenus ».

des acquis de la culture, dédain de la raison et de la pensée critique, etc.). L'orientation constructiviste de l'approche par compétence qui se développe dans ses parages relègue donc à la portion congrue l'autorité du savoir et de la raison. Cette question opposa Platon et les sophistes, car pour le philosophe grec il faut connaître une question pour en parler, ce qui pose l'objectivité du savoir qu'exprime l'existence des Idées. La perspective proposée par la *gouvernance universitaire* est une impasse absolue, comme le montrent les pays où elle a été appliquée pour la première fois sous la houlette de l'École de Chicago avec le théoricien ultralibéral Milton Friedmann. C'est le cas emblématique du Chili, où le peuple exige la fin de l'école marchandise (depuis la dictature ultralibérale de Pinochet) et le retour de l'enseignement dans le giron protecteur de l'État - seul garant de la qualité de la formation et de l'égalité sociale.

Refuser les idées claires et distinctes, dédaigner la raison, répudier le savoir élaboré selon les règles de l'esprit scientifique, contester la pensée critique et exclure le citoyen du gouvernement de la cité sont des caractéristiques essentielles du marché libre et auto-organisé. Nous avons déjà vu que pour ce dernier, les échecs ne sont imputés qu'à l'individu. Aussi - seul face à lui-même – expie-t-il ses échecs comme des fautes. De telles servitudes - dit-on - ne sont pas construites, elles obéissent seulement à des déterminismes sociaux ou culturels spontanés ou inconscients de notre localité. Qui ne voit qu'un tel ordre social est en dernière analyse naturalisé parce qu'il est gouverné par des forces inconscientes, impersonnelles, invisibles voire irrationnelles du marché mondial. Le structuralisme statique s'allie fort bien ici à la pensée économique gouvernée par la catallaxie et au postmodernisme philosophique pour refuser à l'esprit et à la conscience tout rôle actif dans l'histoire. Le postmoderne italien Gianni Vattimo constate ainsi « les limites et le déclin du sujet bourgeoischrétien, la question de cette position particulière de l'homme ou, si l'on veut, le problème du sens de l'action et du choix historique » : « Nous avons découvert que l'histoire ne se joue pas sur le plan de nos décisions individuelles conscientes : et parce que celles-ci couvrent et cachent des décisions et des choix déjà faits, dont nous ne sommes pas conscients mais qui nous guident, et parce que, dans ces décisions que nous croyons nôtres, joue notre appartenance à un monde historique, à une classe, à un langage qui nous conditionne et nous détermine »[40]. La détermination de l'époque ne dépendant plus de l'individu et de sa décision, c'est-à-dire aussi bien des forces internes de la personne que des « puissances historiques », on comprend l'orientation vers l'amoindrissement de la place de l'activité critique consciente. On assiste donc en Afrique à la montée en puissance des théories de Meinrad P. Hebga, de Pius Ondoua, de Souleymane Bachir Diagne (qui demande de « revisiter la philosophie bantoue » de Tempels), de Pierre Nzinzi, d'Achille Mbembe, de Jean-Godefroy Bidima, de Bourahima Ouattara, de Bassidiki Coulibaly, de Grégoire Biyogo, etc. Dans maintes prises de position de la pensée postcoloniale, on voit tout à la fois poindre et se conjoindre sans contradiction la liberté de « l'individu comme citoyen rationnel capable de procéder par lui-même à des choix indépendants »[41], la minéralisation du sujet dans le magma d'une vision ethnologique du monde[42] et le non-rationnel sous la forme d'une violente haine de la raison critique ou conceptuelle.

Cette haine de la raison est pour Michel Blay la vision du monde qui soutient le libéralisme économique et concurrentiel. Cette détestation s'en

---

[40]. Gianni Vattimo, « Déclin du sujet et problème du témoignage », *in* : *Les Aventures de la différence,* traduit de l'italien par Pascal Gabellone, Riccardo Pineri et Jacques Rolland, Paris, Minuit, 1985, p. 69.

[41]. Achille Mbembe, « L'Afrique entre localisme et cosmopolitisme », *in : Esprit*, octobre 2002, p. 68.

[42]. À une exception près, la plupart de ces penseurs vantent l'ethnologie, et surtout défendent l'ethnophilosophie et les ethnophilosophes.

prend en effet « à la raison comme à la raison critique, en les arrachant à toute visée de connaissance et de vérité » : restreindre la raison critique et renoncer à connaître accompagnent l'abandon par l'homme esseulé et instantané de « sa mémoire historique, [de] son rapport au sol, à son lieu, aux autres […] à l'histoire, à sa maison mais également à l'universel », la finalité étant de s'agenouiller « devant l'incompréhensible » et de se soumettre à « l'ordre inconnaissable mais organisé du marché »[43] : « Ainsi donc - poursuit Michel Blay - le beau monde du libéralisme concurrentiel et démocratique (*sic*) implique : 1) de renoncer à la raison critique, en tant que celle-ci affirme a priori que rien en droit ne peut échapper à l'analyse et à la connaissance ; 2) que l'homme est par nature soumis aux forces supérieures impersonnelles, inconnaissables et spontanées du marché ; et 3) qu'au nom de cette force supérieure et pour un intérêt qui ne peut être désigné ou défini (sauf, peut-être pour certains), il doit se soumettre sans comprendre »[44]. L'homme est ainsi enclos en lui-même par la restriction imposée à sa liberté critique qu'encadre de façon contraignante tout un langage militaire fait de « feuilles de route », de « recommandations », de « directives » mobilisées pour nous lier aux nouveaux impératifs catégoriques qui ont pour nom « flexibilité », « mobilité », « réactivité », « adaptation », « compétitivité », « productivité ». Poser enfin les limites et le déclin du sujet actif, centré, en réveillant en lui les seuls flux du désir, c'est le rendre poreux aux appels de la publicité du marché – réduit qu'il est au rang de consommateur passif, de simple « machine désirante ».

Nul hasard donc si la haine de la raison et de la pensée critique est contemporaine en Afrique subsaharienne du passage au forceps depuis les

---

[43]. Michel Blay, *Les Clôtures de la modernité*, Paris, Armand Colin, coll. « L'inspiration philosophique », 2007, p. 152 sq.
[44]. *Idem*, p. 151.

années 80 du XXe siècle de l'emprise de l'« État théologien » et « historien »[45] aux logiques répressives et coercitives de l'État subsaharien des théologies du « marché » et de la « prospérité ». On sait que ces dernières sont antithétiques aux théologies et aux philosophies de la libération. L'État théologien du marché et de la prospérité est en effet gagné par le besoin essentiel d'affirmer la centralité de la réussite individuelle. À l'instar de l'Etat européen qui organise des référendums, mais légifère sans tenir compte du vote populaire et du mandat démocratique à lui confié, le caractère paradoxal de cet Etat ultralibéral subsaharien est qu'on y organise périodiquement des élections, mais sans alternatives s'agissant de la gestion collective de l'existence. La bonne tenue des élections est d'ailleurs toujours supervisée et avalisée par la *société civile internationale*. Mais l'État dit de droit n'y prend pas corps. Le paradoxe n'est qu'apparent, car le libéralisme économique n'est pas synonyme de libéralisme politique : la main invisible y va souvent de pair avec le bras armé. Aussi les élections servent-elles bien plutôt à renforcer des pouvoirs anti-démocratiques qui encouragent et l'exploitation et l'exclusion sociale de la majorité des citoyens. L'exemple idéal a été le Chili de Pinochet où les *Chicago Boys* de Milton Friedmann [1912-2006] ont implanté un libéralisme fut accompagné de torture[46]. Car souvent - et c'est le cas africain -, déréglementer, envoyer au chômage des milliers de gens, privatiser à outrance y supposent ou appellent un pouvoir politique écrasant – expression, nous dit-on pour faire couleur locale, d'une *énergie vitale* venue du fonds des âges - énergie vitale qui s'exprimerait dans une « philosophie bantu » *sub specie*

---

45. Pour reprendre des formulations d'Achille Mbembe, *Afriques indociles. Christianisme, pouvoir et État en société postcoloniale*, Paris, Karthala, 1988. Le vocable « théologie » est entendu ici dans le sens que la vérité est connue et qu'il s'agit seulement de la connaître et de l'appliquer. Ce qui implique une vision manichéenne du réel.

46. Michel Blay, *op. cit.*, p. 150.

aeternatis[47] et dont la quête actuelle des savoirs *hétérodoxes, locaux* ou *endogènes* prend le relais. On sait aussi que la mondialisation ultralibérale s'entoure de structures dites techniques et indépendantes. C'est le cas de banques centrales, de cours de comptes et autres conseils budgétaires dont les conseillers ne sont pas révocables. De telles structures sont de fait des institutions qui se situent hors des règles si limitées déjà de la démocratie représentative.

§ 4. Nous faisons face aux symptômes intellectuels d'une pénible entrée dans la société industrielle et dans l'âge de la science.

Quelques caractères et quelques traits de la théorie postcoloniale s'offrent alors à l'esprit. D'abord, venons-nous de voir, elle répudie la raison critique. Or, pour celle-ci, rien ne doit échapper à l'analyse, à l'intelligibilité et à la connaissance du réel. La théorie postcoloniale ne peut donc que cultiver l'opacité, puisqu'elle accepte que l'homme soit naturellement soumis aux forces supérieures inconnaissables. De telles bases conviennent parfaitement à notre ajustement à la mondialisation du marché autorégulé. Aussi recourt-elle aux formes traditionnelles de la pensée religieuse, de la mythologie, de la sorcellerie, de l'occultisme, de l'ésotérisme, de l'alchimie, du paranormal, de l'illuminisme. Un lien apparaît ainsi entre notre *revival* ésotérique et notre pénible entrée dans la société industrielle et dans l'âge d'une science qui fait reculer les limites du possible et les frontières du croyable et de l'incroyable. Nos hantises culturelles, ésotériques et hermétiques se parent désormais aussi des oripeaux de la science (la soit disant rationalité du paranormal) - comme au

---

[47]. Sur « l'énergie » que suppose l'ajustement en tant que voie de l'exploitation économique, lire le très chrétien Michel Camdessus, « L'Afrique a besoin de programmes économiques énergiques », *in : Marchés tropicaux,* 4 mai 1990, n° 1196-1198.

début de la révolution industrielle en Occident[48]. C'est probablement ce qui explique que soient engagées dans l'Afrique actuelle les recherches sur la mythologie paranormale, sur les savoirs locaux, endogènes et hétérodoxes, les ethno-méthodes et les ethnosciences. Dans son article intitulé « A Relevant Education for African Development. Some Epistemological Considerations », Francis B. Nyamnjoh veut ainsi mettre les « épistémologies populaires et traditionnelles » d'Afrique - épistémologies globales ou spontanées qui portent sur la sorcellerie, la magie, l'astrologie, l'occulte et l'invisible - au même niveau que les épistémologies officielles ou établies. Ce refus d'une hiérarchie entre les savoirs veut prendre le contre-pied de René Descartes qui a exclu du domaine du savoir l'occultisme, l'astrologie, l'alchimie[49]. Cette réorientation de l'activité intellectuelle n'existe pas seulement en Afrique. Ce qu'on y appelle les savoirs locaux s'inscrit dans le débat européen sur le besoin de ré-enchantement du monde qui a poussé Michel Maffesoli[50] à faire soutenir une thèse sur l'astrologie à la Sorbonne. Les travaux de Paul Feyerabend ont élaboré « une théorie anarchiste de la connaissance » qui a un grand succès en Occident et chez nous[51]. On en voit aussi l'efflorescence en Amérique latine

---

[48]. Guillaume Cuchet, *Les Voix d'outre-tombe. Tables tournantes, spiritisme et société au XIXᵉ siècle*, Paris, Seuil, coll. « L'investigation historique », 2012. À consulter, Jean Servier (sld*), Dictionnaire critique sur l'ésotérisme*, Paris, PUF, 2008.

[49]. Françoise Bonardel souhaite, à la suite de Schelling, que l'on retrouve et satisfasse l'exigence dont l'alchimie est le fondement comme un autre théâtre de la vie philosophique moderne, malgré l'opinion de Descartes, Leibniz et de la philosophie des Lumières, *cf.* Françoise Bonardel, *Philosophie de l'alchimie. Grand Œuvre et modernité*, Paris, PUF, coll. « Questions », 1993. On lira aussi, Françoise Bonardel, *L'Hermétisme*, Paris, PUF, coll. « Que sais-je ? », nº 2247, 1985 ; *Philosopher par le Feu. Anthologie de textes alchimiques occidentaux*, Paris, Seuil, coll. « sagesses », 1995. Françoise Bonardel vient de publier *Des Héritiers sans passé. Essai sur la crise de l'identité culturelle européenne* (Chatou, Les Éditions de la Transparence, coll. « Philosophie », 2010), où elle refuse l'alternative entre l'enracinement et le métissage du relativisme culturel et cosmopolite.

[50]. Michel Maffesoli, *La Part du Diable. Précis de subversion postmoderne*, Paris, Flammarion, 2002.

[51]. Paul Feyerabend, *Contre la méthode. Esquisse d'une théorie anarchiste de la connaissance*, Paris, Seuil, 1979. Lire aussi, Paul K. Feyerabend, *Réalisme, rationalisme et méthode. Écrits philosophiques 1*, traduction et présentation d'Emmanuel Malolo Dissakè, Paris, Dianoia, coll.

avec les *épistémologies du Sud* avec Buoaventura de Sousa Santos[52], mais aussi dans les diasporas indiennes avec Ashis Nandy[53], et Rajeev Bhargava qui veut « en finir avec l'injustice épistémique du colonialisme »[54]. Les épistémologies établies sont critiquées comme dualistes, téléologiques : leur cartésianisme et leur behaviorisme les poussent à séparer le réel et l'irréel, c'est-à-dire l'irrationnel, le surnaturel et le religieux[55]. L'objectif en Afrique est aussi au ré-enchantement du monde : on y énonce l'idée qu'incurablement religieuse, l'Afrique peut apporter un *supplément d'âme* à un univers mécanique et trop froid[56]. Sous-jacente à une telle perspective méthodologique, se cache en réalité un processus d'uniformisation du monde par les forces économiques capitalistes et un enfermement des peuples dans une vision substantialisée et culturalisée de leur être-au-monde. Le but de la fragmentation culturelle de l'humanité qui s'y manifeste est en dernière instance d'empêcher la possibilité d'alliances internationales pour des luttes communes à l'échelle du monde, chacun étant enfermé ou se calfeutrant dans

---

« Fondements de la philosophie contemporaine des sciences », 2005. On lira l'excellente synthèse d'Emmanuel Malolo Dissakè, *Feyerabend. Épistémologie, anarchisme et société libre,* Paris, PUF, 2001.

52. Buoaventura de Sousa Santos, *Epistemologies of the South. Justice Against Epistemicide,* Herndon, Paradigm Publishers, 2014.

53. Ashis Nandy, *L'Ennemi intime. Perte de soi et retour à sous le colonialisme,* Paris, Fayard, 2007.

54. Rajeev Bhargava, « Pour en finir avec l'injustice épistémique du colonialisme », *Socio* [En ligne], 1/2013, mis en ligne le 15 mars 2014. URL : http://socio.revues.org/203 ; DOI : 10.4000/socio.203.

55. Francis B. Nyamnjoh, « A Relevant Education for African Development. Some Epistemological Considerations », *in: Africa Development,* Vol. XXIX, n° 1, 2004, pp. 161-184. Sur le « discours de l'occulte » *(the occult as discourse)* comme une épistémologie endogène à développer contre les ontologies hégémoniques occidentales, Laura Hengehold, « Un monde en noir et Blanc. Amitiés postcoloniales », *in : Le Sens public,* n° 10 (Titre original : « Witchcraft, Subjectivation and Sovereignty : Foucault in Cameroon »). Les principes méthodologiques de cette nouvelle lecture africaine s'appuient sur Michel Foucault, notamment *L'Archéologie du savoir.*

54. Meinrad P. Hebga, *Rationalité d'un discours africain sur les phénomènes paranormaux. Faits et preuves,* Paris, L'Harmattan, 1998.

sa culture ou son identité[57]. On comprend que ce moment élève l'ethnologie au rang de reine des sciences[58]. L'autorité de Heidegger permet à Bourahima Ouattara d'inscrire ainsi la philosophie africaine dans le cadre « des figures ethnologiques de la pensée l'être »[59]. Prenant appui sur l'autorité de Wittgenstein et de Merleau-Ponty, Bidima quant à lui réhabilite l'ethnologie et définit sur son fondement un véritable programme méthodologique et épistémologique : « L'universel latéral fait de tout philosophe un ethnologue de son temps, dans la mesure où son regard et son geste mettent en perspective ce qui lui est à la fois proche et lointain »[60]. Il y a là la possibilité de cet « universel latéral » - concept qu'on retrouve aussi bien chez Achille Mbembe que Souleymane Bachir Diagne. Cet universel latéral insiste sur « une autre manière d'intégrer l'ethnologie » qui va surtout à l'encontre de l'« universalisme de surplomb » caractérisé par sa méfiance à l'égard des pratiques africaines - au nom de la rigueur, de l'objectivité et de l'impartialité de la philosophie : « 'L'universalisme latéral', lui, donne à l'ethnologie un contenu et travaille à retrouver dans le quotidien, dans les traditions africaines et non africaines, dans les pratiques ostracisées, dans l'imaginaire et les utopies du monde, une historicité de la Raison en Afrique »[61]. Cette importance donnée à l'ethnologie implique la recherche d'un contenu nouveau de la

---

[57]. Sur le processus de liquéfaction des communautés, lire Nkolo Foe, « Philosophie de l'ajustement structurel », in : Abebayo Olukoshi, Jean Bernard & Ebrima Sall (sld), *Afrique : réaffirmation de notre engagement,* Dakar, Codesria, coll. « Série de dialogue politique », n° 1, 2010.

[58]. Dans l'oubli de la mise en garde de Fabien Eboussi Boulaga critiquant « le système des ethnophilosophies » qui veut voir dans la philosophie une pensée de la « totalité » comme un projet exprimé par l'ethnologie, grâce à laquelle « de proche en proche on couvre le monde négro-africain, on le saisit dans son unité, comme une unité de civilisation, irréductible à d'autres, telles l'européenne ou l'asiatique » (*La Crise du Muntu. Authenticité africaine et philosophie,* Paris, Présence africaine, 1977, pp. 27-30).

[59]. Bourahima Ouattara, « Figures ethnologiques de la pensée de l'être. Heidegger ethnophilosophe ? », in : *Cahiers d'études africaines,* n° 157, XL1, 2000.

[60]. Jean-Godefroy Bidima, « Philosophies, démocraties et pratiques : à la recherche d'un universel latéral », in : *Critique,* « Philosopher en Afrique », n° 771-772, août-septembre 2011, p. 676.

[61]. Jean-Godefroy Bidima, *idem,* p. 677.

philosophie qui veut enfermer les peuples dans l'historicité et la légalité propres de chaque société (Bayart, Mbembe) : son objectif méthodologique est de supprimer la distinction entre l'essence et l'apparence, la réalité et la fiction, les sciences de la nature et les sciences humaines dans leur recherche commune de l'explication du réel - comme on le voit chez Mamadou Diouf et Jean-Godefroy Bidima.

§ 5. Que la raison herméneutique se subordonne la raison analytique.

L'éloge appuyé de la pensée postcoloniale pour toutes les formes de dépendance ou de soumission - à la localité, à la diversité, à l'identité, à la particularité, à l'historicité, à la légalité et à la temporalité propres de chaque peuple - en fait un modernisme réactionnaire opposé à l'universel. Elle accepte en effet les avancées de la science et de la technique - « la science malgré tout … », dit-elle. Mais elle refuse le développement démocratique de l'esprit scientifique et de l'intelligibilité du monde qui éroderait les avantages et les nouvelles positions sociales. Le discours postcolonial veut surtout rendre insignifiante et négligeable la question des inégalités et des rapports de force dans nos sociétés et dans le monde, en privilégiant la verbosité néotraditionaliste et le gongorisme identitariste. Aussi constate-on le regain de la question de l'herméneutique et du théologique. Il en est ainsi de la mue récente et ostensiblement assumée de Pius Ondoua vers un tournant herméneutique : « Peut-on hypostasier la raison unique ? […] Que penser de l'hypostase de l'analytique ? Où situer l'herméneutique ? […] La pensée de Marcien Towa [équivaut] à une inutile croisade d'arrière-garde contre la religion et la foi […] anéantissant paradoxalement la liberté de la réponse, par le sujet, à la question première, archéologique, de l'existence […]. Il est urgent de répondre à l'interrogation relative à l'être, au non-être, au « Grand Horloger », auteur (possible) du réel, du sujet, et pourvoyeur (possible) de sens au réel, à la vie »[62]. Pius Ondoua adhère à l'idée d'Edgar Morin d'une pensée complexe et pose en même temps *in fine* le Grand horloger comme l'auteur possible du sujet. Il est *nolens volens* au cœur de l'interrogation postcoloniale en tant que resucée tropicale des *topoï* postmodernes d'un refus du sujet critique et autofondateur. C'est ce qui explique son adhésion à l'herméneutique dont une tendance dominante ne retient de Hans-Georg Gadamer que les limites du sujet qui n'aurait plus de maîtrise absolue de soi et de son histoire. Aussi Pius Ondoua ne semble pas quant à lui – comme le fait Achille Mbembe - s'enquérir des possibles « impasses politiques auxquelles conduirait [...] une dépendance trop prononcée à l'égard de la pensée herméneutique pour rendre compte de la subjectivité [...]»[63]. Car il n'est plus question de travailler notamment pour le sujet libre, autonome, présent à soi, actif, cohérent, rationnel, autofondateur : il s'agit en un mot de *déconstruire* le sujet engagé dans une histoire qu'il fait lui-même, sans autre recours que sa capacité à se la rendre intelligible pour la transformer. Cette nouvelle perspective s'oppose donc à l'orientation du courant des philosophies de la libération. Contre les schémas théoriques et méthodologiques en cours et établis sur la base d'autres réalités historiques, Nkrumah, Fanon, Cabral, Mondlane, Diop, Machel, etc., se sont imposés de longues enquêtes scientifiques et de terrain pour évoluer dans la conscience de nous-mêmes. Leur but était de se donner le moyen théorique – *l'arme de la théorie* selon le syntagme de Cabral - pour transformer pratiquement la réalité africaine. L'orientation postcoloniale privilégie bien plutôt l'interprétation du monde. Aussi regarde-t-elle avec dédain les faits et opte pour la fiction. L'homme étant pris dans un réseau de

---

[62]. Pius Ondoua, *La Raison unique du « village planétaire ». Mythes et réalités de la mondialisation, op. cit.*, pp. 122-123.

[63]. Achille Mbembe, « Politique de la vie et épreuve du fratricide », *Avant-propos de la seconde édition De la Postcolonie. Essai sur l'imagination politique dans l'Afrique contemporaine*, Paris, Karthala, coll. « Les Afriques », 2005, p. XVIII.

signes, il s'agit d'interpréter l'énigme des expressions au-delà de toute question de méthode. L'objectif n'est pas tant d'aboutir à une science expérimentale en quête de lois que de mener à bien une science interprétative en quête de sens.

De ce point de vue, Nkolo Foé observe avec raison que l'herméneutique n'est ni transgression des traditions, ni acte de rébellion ni projet d'émancipation[64]. Elle veut savoir comment vivre avec nos mythes, nos symboles, nos systèmes de références, nos traditions qui fondent l'identité d'un peuple et donnent sens à son existence[65]. Et la quête de sens ainsi envisagée signifie que seule doit désormais prévaloir l'ordre du discours et de l'interprétation du monde sur le besoin de transformer et de révolutionner les formations économiques et sociales. Nkolo Foé observe aussi que l'herméneutique a prospéré dans la philosophie africaine là où l'Occident avait abattu dans la violence les régimes issus des luttes de libération. C'est le cas du Congo après le meurtre de Lumumba. Nkolo Foé constate ainsi que George F. McLean - très actif sur les campus africains - donne des buts politiques à l'herméneutique : « Par la société civile, la tradition, la religion et la culture ethnique, il veut proposer une alternative à l'Etat-nation moderne, avec son citoyen rationnel, éclairé et libre. Par l'herméneutique, il veut amener l'homme à être plus attentif à la signification des traditions, des symboles et des croyances. McLean pense qu'en idéalisant les idées claires et distinctes, les Lumières auraient manqué les significations existentielles, uniquement accessibles par une approche herméneutique de la tradition. Or,

---

[64]. Nkolo Foé, « Les Politiques de la philosophie en Afrique. Emancipation, postcolonialismes, herméneutique et gouvernance », *in : Diogène*, n° 235-236, juillet 2011, pp. 193-194.
[65]. Jean-Godefroy Bidima, *La Philosophie négro-africaine*, Paris, PUF, coll. « Que sais-je ? », 1995, p. 32.

l'herméneutique implique la quête du sens et nous renvoie directement à nos propres origines et à la transcendance elle-même »[66].

Admirateur des recherches indiennes sur les *Subaltern Studies*, Mamadou Diouf indique « les effets politiques potentiels » de la réorientation méthodologique de la pensée postcoloniale vers l'étude des textes et l'herméneutique. À partir de « l'autonomie du texte » et du principe que « tout est texte » et donc objet d'interprétation, on peut donc « au bénéfice de l'autonomie du texte » contester « de manière radicale le principe généalogique et la règle de la preuve et des faits » et proposer des « significations polymorphes » pour inviter « à des lectures multiples »[67]. Proposer des significations polymorphes et inviter à des lectures multiples de notre avenir revient *in fine* à découpler le lien entre l'histoire et la nation, car il s'agit d'en finir avec toute lutte pour l'édification d'un Etat national ou panafricain puissant. C'est en raison de ce souci pour l'herméneutique que Pius Ondoua apprécie beaucoup *Sagesse et initiation à travers les contes, les mythes et les légendes fang* de Bonaventure Mvé Ondo. À ses yeux, le philosophe gabonais aurait le mérite de recourir aux mythes, contes et légendes, pour proposer, à la suite de Ricœur, une herméneutique qui en dévoile des préoccupations initiatiques liées au symbole et à la transcendance[68]. Pius Ondoua reconnaît aussi les similitudes et les convergences de sa démarche avec celle de Meinrad Pierre Hebga sur la

---

66. Pius Ondoua, *op. cit.,* p. 194.

67. Mamadou Diouf (sld), *L'Historiographie indienne en débat. Colonialisme, nationalisme et sociétés postcoloniales,* Paris, Karthala-Sephis, coll. « Sociétés en débat », 1999, p. 22.

68. Pius Ondoua, *La Raison unique, op. cit.,* p. 146. Lire Bonaventure Mvé Ondo, *Sagesse et initiation à travers les contes, mythes et légendes fang,* Paris, L'Harmattan, 2007, pp. 20-21. On lira deux autres textes, un texte ancien de J. Kinyongo, « Essai sur la fondation épistémologique d'une philosophie herméneutique … », *in : Présence Africaine,* n° 109, 1979, et un plus récent de Joseph-Marie Ndi Okala, *Récit et Théologie : Enjeux de la narrativité en théologie africaine. Une réception de l'herméneutique de Paul Ricœur,* préface de Jean Greisch, Paris, Karthala, coll. « Chrétiens en liberté/Questions disputées », 2010.

philosophie et la religion. De tous côtés, l'heure est au besoin de *réenchanter* l'Afrique, car l'objectif commun est d'ouvrir la philosophie à « la foi en un Dieu transcendant » en vue de relativiser la perspective philosophique du prométhéisme ou de « l'anthropocentrisme absolu » de la philosophie rationaliste africaine moderne, notamment celle de Marcien Towa et de ses épigones (entre autres) : « C'est dans le liminaire de notre premier ouvrage *: Existence et Valeurs I. L'Urgence de la philosophie* que nous avons eu à développer des positions proches de celle de P. M. Hebga. Je partais des convergences possibles entre philosophie et religion […]. Je montrais aussi la possibilité de réponses ne se situant pas sur le plan de l'anthropocentrisme absolu seulement, mais pouvant opérer une référence à la *Transcendance,* « *Etre originaire* (rendant compte de l'origine des êtres), *Etre plénier* […] *pourvoyeur de sens* […]. La philosophie ne saurait fermer a priori toute ouverture à la foi en un Dieu Transcendant […]»[69]. Dès lors l'herméneutique du sens comme réflexion sur la transcendance divine - *transcendance originaire* qui pose l'homme comme *transcendance dérivée* - doit permettre qu'une nouvelle approche philosophique ouvre à l'alliance de la raison et de la foi : « Hebga entend instituer le retour à la Transcendance fondatrice de l'origine et de la fin, pour donner sens à cette existence et à ce réel complexe. Pour lui […], les faits et les résultats de la science, malgré leur pertinence, ne peuvent inférer 'l'inexistence de Dieu et la fausseté de la religion' ; dans cette perspective, 'foi et raison peuvent aller de pair' »[70].

Renouer avec les catégories médiévales et scolastiques, c'est se retrouver à mille lieues de l'exigence spinoziste d'un absolu divorce entre la théologie et

---

[69]. Pius Ondoua, *op. cit.,* p. 169. Le soulignement est en gras et en majuscules dans le texte !

[70]. Pius Ondoua, « 'Critique de l'Absolu' ou vie du sens ? La philosophie chez Marcien Towa et Meinrad Hebga », *in : Annales de la FALSH,* UYI, vol. 1, n° 10, nouvelle série, 2009, deuxième semestre, p. 147.

la philosophie, entre la foi et la raison, l'une vouée à la vérité, l'autre uniquement à l'obéissance et la piété. Dans son éloge de la foi, Pius Ondoua ne dit rien sur AQMI, Ansar Eddine et Boko Haram. Au nom d'une foi fanatique, ceux-ci donnent la mort à ceux qui ne pensent guère comme eux ; ils interdisent l'écoute de la musique, détruisent les écoles, les bibliothèques, amputent les mains, fouettent en public, lapident les femmes pour cause d'adultère et de rapport sexuel prénuptial, sèment la mort par fanatisme et au nom d'un retour à la pureté et à la lettre de la culture traditionnelle. Pius Ondoua ne dit rien sur la critique kantienne des transes, des visions, des illuminations et des enthousiasmes de Swedenborg[71] - dont il loue les rejetons et partage les thèses. Dans *Qu'est-ce que s'orienter dans la pensée ?*, Kant affirme que poser les limites de la raison met en danger la liberté, car des liens unissent l'irrationalisme et la mystique de l'intuition et des sentiments à la suppression des libertés individuelles : « […] avez-vous bien réfléchi à ce que vous faites et aux conséquences de vos attaques contre la raison ? Sans doute, vous voulez que la liberté de penser soit conservée intacte : sans elle, ce serait bientôt fait même des élans de votre génie. Voyons donc ce qu'il adviendra naturellement de cette liberté de penser, si ce que vous venez d'entreprendre se généralise […]. La liberté de penser, quand elle va jusqu'à vouloir s'affranchir des lois mêmes de la raison, finit par s'anéantir de ses propres mains […]. Ne contestez pas à la raison ce qui fait d'elle le souverain bien sur terre, le privilège d'être la pierre de touche de la vérité. Autrement, indignes de cette liberté, vous ne pourrez manquer de la perdre, et vous entraînerez en plus dans l'infortune tous ceux qui, sans ce malheur, auraient été disposés à user

---

[71]. Tout à leurs « phénomènes paranormaux », nos Swedenborg ne peuvent nous donner une explication véritablement rationnelle des transes et des évanouissements des élèves dans nos lycées et collèges. Il leur faudrait pour cela sortir de leurs lubies pour renouer avec la question sociale, car depuis les décennies d'ajustement, notre jeunesse prend le chemin de l'école sans manger à sa faim des jours durant !

légalement de leur liberté et à la faire servir au bien de l'humanité [*Weltbeste*]»[72]. Enfin, lorsque Pius Ondoua dit que la rationalité serait une dimension partielle de l'homme qui pousse à l'auto-illusionnement du sujet rationnel[73], il ne dit rien non plus au fait que sa critique tout comme son amoindrissement de la rationalité vont à l'encontre des textes officiels de l'Etat du Cameroun qui organise l'enseignement de la philosophie autour de la promotion de « la vision rationnelle du monde »[74]. Il en est ainsi parce que l'objectif de Pius Ondoua est désormais que l'herméneutique se subordonne l'analytique, en posant des conditionnalités à l'esprit scientifique comme on les pose aux ajustés: « La science malgré tout […] certes ; à plusieurs conditions cependant […]. Que la recherche de la puissance se subordonne à la pratique du sens. Ce qui signifie que la raison herméneutique se subordonne la raison analytique […] Comment […] permettre l'émergence [d'][une humanité authentique] sans articulation de l'analytique et de l'herméneutique, pourvoyeuse et en même temps décryptatrice du sens ? On le sait l'analytique n'épuise pas la totalité de la connaissance ; dès lors l'articulation de l'analytique et de l'herméneutique permet la réalisation intégrale, plus totale de la nature ultime de notre esprit »[75]. Aussi Pius Ondoua dénonce-t-il désormais dans la modernité tout à la fois « la puissance de la raison et la déraison de la raison » ; il juge surtout « urgent de procéder à une critique de la puissance

---

72. Kant cité par Lucien Goldmann, *Introduction à la philosophie de Kant*, Paris, Gallimard, coll. « Idées/NRF », 1967, pp. 154-158.

73. Pius Ondoua, *l. c., op. cit.*, p. 128.

74. Cf. Arrêté n° 114/D/28/Mineduc/SG/ICP/ESG du 7 octobre 1998 portant définition des programmes de philosophie en classe francophone dans les établissements d'enseignement secondaire général.

75. Pius Ondoua, *La Raison unique du « village planétaire ». Mythes et réalités de la mondialisation, op. cit.*, p. 136.

rationnelle, au travers d'un 'autodépassement du rationnel' »[76]. Dans un autre texte, Pius Ondoua repère dans le travail du Père jésuite Meinrad Pierre Hebga sur la « vie du sens » et « la pression du sens » un puissant antidote au *vertige de la rationalisation intégrale de la vie*. Il apprécie l'effort constant du théologien camerounais pour intégrer l'irrationnel et la religion comme nouveaux lieux du sens 77face à l'accroissement exponentiel d'une puissance technoscientifique qui s'élève d'un dualisme occidental allégué de l'être.

Observons un paradoxe pour finir : cette quête du sens d'une pensée des origines est symétrique d'un aspect de la pensée postcoloniale qui, dans son ontologisation du présent, ne se préoccupe plus - uniquement - des héros de nos sociétés tout comme de notre mémoire historique. Pour la philosophie de la traversée de Jean-Godefroy Bidima, il est temps de se situer « au-delà du triomphalisme viril »[78] qui s'y ressourcerait. Avec cette affirmation le paradoxe s'estompe : dans les deux perspectives en effet, il faut s'éloigner du prométhéisme, de l'anthropocentrisme absolu et du triomphalisme viril d'une grande partie de la conscience africaine moderne, notamment sa volonté de nous voir émerger debout dans la civilisation universelle. Aussi Bidima thématise-t-il l'amnésie culturelle et historique, la dénonciation de tout héritage à travers l'affirmation d'un « non-lieu de mémoire » pour en finir avec toute monumentalité historique. Bidima rejette à la suite de Nietzsche tout le travail historiographique sur le passé africain comme une « histoire monumentale » caractérisée par l'apologie ou la glorification des « Grands Hommes », des « Grands empires », des traditions identitaires issues des luttes

---

[76]. Pius Ondoua, « Raison critique et critique du rationnel : une lecture de *La Puissance du rationnel* de Dominique Janicaud », Centre Culturel François Villon de Yaoundé [actuel Institut Français du Cameroun], *Programme 2011*, novembre – décembre, p. 7.

[77]. Pius Ondoua, « 'Critique de l'absolu' ou vie du sens ? La philosophie chez Marcien Towa et Meinrad Hebga », *l. c.*

[78]. Jean-Godefroy Bidima, *La Philosophie négro-africaine, op. cit.*, p. 83.

de libération nationale moderne, une « conception du progrès » qui part « des textes fondateurs des pharaons »[79]. Parce que la vraie histoire ne doit être écrite que par les vainqueurs, la conscience amnésique défendue par Bidima renie donc dans l'historiographie, l'art et la culture d'Afrique toute logique du contenu monumental - personnages prestigieux, lieux et moments glorieux, les résistances. Elle n'y voit que répression et archaïsme. Bidima nous dit qu'un « champ du mémorable » qui fait appel à la « monumentalité » rate « l'insignifiance » comme « structure d'appel ». Pour la philosophie de la traversée, l'histoire de la philosophie africaine serait ainsi prise dans « une histoire africaine monumentale (au sens où l'entend Nietzsche) où l'on met en exergue les Grands empires (du Mali, du Ghana), les Royaumes (du Monomotapa), des Grands conquérants (Samory Touré en Guinée, Tchaka chez les Zoulous), les personnages politiques (Nkrumah, Nyerere, Lumumba) et les résistances à la colonisation et à l'État dit postcolonial »[80]. Comme seul importe l'instant présent, Jean-Godefroy Bidima ne veut pas prendre en compte ce qui dans le passé a eu de l'importance et peut continuer à parler aux hommes d'aujourd'hui. Il ne voit dans le passé que des mésusages ou ce qui peut masquer les « écueils présents », faire considérer « les maux présents comme des accidents de parcours qui n'entament en rien la majesté de ce 'continent berceau de l'humanité' »[81]. Cet « ordre amnésique » refuse que la mémoire collective du passé s'exprime : elle est censurée, ridiculisée. Une telle perspective ne s'élève nullement à la dimension existentielle de la trace et du manque que l'archive suscite au tréfonds d'une conscience humaine en quête de savoir et de vérité. Ce manque de respect pour l'héritage fait fond sur la

---

[79]. Jean-Godefroy Bidima, *Théorie critique et modernité africaine. De l'école de Francfort à la « Docta Spes Africana »*, Paris, publications de la Sorbonne, 1993, pp 178-179.

[80]. Jean-Godefroy Bidima, « De la traversée : raconter des expériences, partager des sens », *in Rue Descartes*, n° 36, juin 2002, p. 13.

[81]. Jean-Godefroy Bidima, *Théorie critique, op. cit.*, p. 185. Il n'y a plus dans le monde scientifique de gens qui nient que l'Afrique a été le berceau de l'humanité.

barbarisation de l'espace commun. Il est en est ainsi parce que le passé devenu lourd à porter - dans tous les sens - ne passe pas[82].

Le caractère idéologique de cette défiance à l'endroit d'une monumentalité africaine soi-disant « répressive » se voit dans la sélective incohérence de la démarche : Bidima a ainsi participé au *De illustribus* du *Nouvel Observateur*[83] portant sur les « grands penseurs actuels ». Il y célèbre Souleymane Bachir Diagne comme « le penseur de la traduction » et Kwame Antony Appiah comme « l'ambassadeur de l'universel ». Il y a là un reste du tour d'esprit issu de la logique de l'exégèse - celle du *sic et non* d'Abélard. Cette logique particulière de l'herméneutique dans la scolastique consiste seulement à examiner les systèmes, les doctrines non en fonction de la raison ou de l'expérience, mais en fonction du dogme ou du credo. L'on juge les systèmes dans le but de voir s'ils sont proches. Dans ce cas, on les intègre. S'ils lui sont contraires ou opposés, on les écarte purement et simplement. En plus du fait que la grandeur cesse d'être valorisée si elle ne correspond pas à l'idée que je m'en fais, ce refus du sublime correspond pour les nouveaux scholiastes du marché universel à deux ordres de réalités. Il y a d'abord une ambiance afropessimiste qui reprend les lieux communs de la littérature africaine récente : Yambo Ouologuem, Ahmadou Kourouma, Sony Labou Tansi, Alain Mabanckou, Léonora Miano, etc., insistent en effet lourdement sur l'ambivalence des indépendances, à la fois temps de liberté mais surtout temps d'égarement et de perdition. Il y a aussi le discours savant en sciences sociales d'un certain africanisme critique de la corruption, du « tous pourris » liés à la

---

82. Jacques Derrida parle de « l'ordre amnésique de la bourgeoisie capitaliste (celle qui vit, comme un animal, de l'oubli des fantômes) […] pour se dissimuler, dans l'illusion, le contenu médiocre de l'ambition bourgeoise », cf. *Spectres de Marx. L'État de la dette, le travail du deuil et la nouvelle internationale*, Paris, Galilée, coll. « La philosophie en effet », p. 182-183.

83. *Le Nouvel Observateur*, Hors-série, n° 412 H, « 25 des grands penseurs du monde entier réfléchissent sur le monde d'aujourd'hui ».

« politique du ventre ». Sans nuance, l'essentiel consiste à rapetisser et salir tout ce qui est grand, admirable, héroïque dans les luttes et les sacrifices des Africains ou de leurs ancêtres – « individus historiques [qui] ont eu le bonheur d'être les agents d'un but qui constitue une étape dans la marche progressive de l'Esprit universel »[84]. La pensée postcoloniale ne veut voir dans leur *labeur pénible* qu'inertie. Il reste que le rejet de toute grandeur et de toute sublimité correspond bien à la « désublimation répressive » qui accompagne les désirs artificiels de la société marchande - comme l'a vu Herbert Marcuse.

§ 6. Le tournant linguistique et interprétatif de la pensée postcoloniale est fondé sur une vision apriorique de l'ordre des choses et recourt à la méthode herméneutique pour comprendre l'expérience vécue.

Il n'est pas étonnant que, du point de vue théorique, le recours à l'herméneutique se conjoigne avec une conception apriorique de l'ordre des choses. En insistant sur l'exégèse des textes et sur l'interprétation, l'herméneutique s'éloigne du monde de l'objet. Aussi ne peut-elle qu'accentuer et privilégier un tournant linguistique[85]. Aussi voit-on une option fondamentale de la pensée postcoloniale dans le recours à une sorte d'idéalisme subjectif ou transcendantal. C'est sur ce fondement que dans la philosophie africaine s'affirme désormais de façon tonitruante le besoin d'une nouvelle « herméneutique de l'être » qui confine à la textualité intégrale du réel. Citons quelques jalons. J. Kinyongo a annoncé ce mouvement en publiant - à la fin des années 70 du XXe siècle - un manifeste pour « la fondation

---

84. Hegel, *La Raison dans l'histoire* (1830), traduction de K. Papaïonnanou, Paris, Plon, 1965, p. 123.
85. Jürgen Habermas, « Philosophie herméneutique et philosophie analytique. Deux variantes complémentaires du tournant linguistique », *in : Un Siècle de philosophie 1900-2000*, Paris, Gallimard/Centre Pompidou, coll. « Folio Essais », 2000.

épistémologique d'une philosophie herméneutique »[86]. Il prenait position par rapport aux intenses recherches herméneutiques en cours à l'époque dans l'ex-Zaïre. Plus récemment, le philosophe camerounais Bongasu Tanla Kishani a fait du « *Being langage* » son motif philosophique absolu : l'être n'a pas d'extérieur, car il baigne dans la langue, affirme-t-il. De son côté, le philosophe et théologien camerounais Joseph-Marie Ndi Okala milite activement pour « une réception de l'herméneutique de Paul Ricœur »[87]. Dans son livre *La Philosophie négro-africaine*, Jean-Godefroy Bidima consacre de longs développements sur les « rapports à l'herméneutique » comme « une piste féconde » de la possibilité d'une fusion des horizons du passé et du présent. Son propos est de faire de « l'herméneutique subversive ». Contre le « positivisme obtus » et la « technolâtrie douteuse », l'herméneutique souligne à ses yeux l'enracinement contextuel de tout énoncé. Son souhait est que l'herméneutique devienne un « gai savoir » opposé à la démesure et au « sérieux de la fondation et de la vérité » dans la philosophie africaine. Au contraire d'une recherche de la fondation et de la vérité, la philosophie négro-africaine s'occupera des « loques », des « chiffons », des « résidus » et de la « partie excrémentielle » de la culture africaine[88]. Dans son livre De la postcolonie, Achille Mbembe expose longuement les vifs débats au sujet d'une radicalisation du tournant linguistique dans les études postcoloniales. Mbembe observe que l'explication économique des phénomènes sociaux et politiques et la prise en compte de la contrainte externe ayant disparu du champ de l'analyse, toutes les luttes sont devenues des luttes de représentation. Aussi

---

[86]. J. Kinyongo, « Essai sur la fondation épistémologique d'une philosophie herméneutique ... », *in : Présence Africaine*, n° 109, 1979.

[87]. Joseph-Marie Ndi Okala, *Récit et Théologie : Enjeux de la narrativité en théologie africaine. Une réception de l'herméneutique de Paul Ricœur*, préface de Jean Greisch, Paris, Karthala, coll. « Chrétiens en liberté/Questions disputées », 2010.

[88]. Jean-Godefroy Bidima, *La Philosophie négro-africaine*, Paris, PUF, coll. « Que sais-je ? », 1995, pp. 32-37.

prélèvements, exploitation, corvées, impôts, prestations et coercitions n'existent plus : « [...] l'historiographie récente, l'anthropologie et la critique féministe d'inspiration foucaldienne, néo-gramscienne ou poststructuraliste [...] ont fini par réduire [...] l'État et le pouvoir à des « discours » et à des « représentations », oubliant ce faisant que les discours et les représentations ont une matérialité »[89]. Ces perspectives sont contemporaines de la mort supposée de toute tendance à l'unification, à la pensée de la totalité du monde, à toute synthèse ou toute interprétation téléologique du monde. Aussi cela fonde-t-il un socle philosophique éclectique, relativiste et anomique opposé à toute forme d'objectivité de la connaissance. Le refus de penser la totalité du monde et son devenir s'organise alors autour d'une critique de la modernité. Cette dernière puise indifféremment dans Marx, Nietzsche, Heidegger, Bakhtine, Derrida, Foucault, Bataille, Elias, de Certeau, les « historiens des mentalités », Goffman, Giddens, Castoriadis, les théoriciens de l'École de Francfort - Adorno, Horkheimer, Habermas -, etc. Du point de vue épistémologique, les *Cultural, Subaltern, Postcolonial, Paranormal Studies* développent un intérêt pour le langage comme unique lieu de représentation de la réalité ou de la vérité : « Sur un plan proprement épistémologique, les questions du rapport entre le sujet et l'objet et celles d'objectivité et d'intersubjectivité ont dominé pendant de longues années [...]. Aujourd'hui, ces préoccupations semblent céder la place à des interrogations nouvelles sur le langage, la production des arguments, les conditions de vérité des énoncés, les modalités de la compréhension. Deux conséquences majeures découlent de ces déplacements. La première est la prime désormais accordée à l'interprétation. Des extrémistes en viennent à conclure qu'il n'existe pas de *réalité* ou de *fait* en tant que tels. Seuls existeraient des *récits*. Le pouvoir ne

---

[89]. Achille Mbembe, *De la postcolonie. Essai sur l'imagination dans l'Afrique contemporaine,* Paris, Karthala, coll. « Les Afriques », 2000, pp. 14.

consisterait en rien d'autre que le pouvoir de fabulation, le pouvoir de faire accroire, de *représenter*. La deuxième conséquence est l'accentuation de la distinction entre la théorie et la description, le langage et la réalité. S'il est vrai qu'il n'existe que des récits, le problème central ne serait plus d'expliquer des mécanismes. Tout serait dans le langage. Et les limites de chaque langage correspondraient exactement aux limites des mondes dont ils serviraient de support »[90]. Le besoin de « revisiter 'la philosophie bantoue' » de Tempels au nom d'une « herméneutique prospective » s'inscrit dans cet horizon qui affirme que chaque langue forme une vision du monde différente ou que chaque langage correspond aux limites des mondes qu'ils fondent. De là certains tirent l'exigence d'une « rationalité plurielle »[91].

Une question se pose : Mbembe lui-même s'éloigne-t-il de la discussion postcoloniale portant sur le rapport entre le sujet et l'objet qui s'enferme dans la croyance idéaliste subjective que tout est langage - ou dans le langage ? On peut en douter. Tout d'abord, il affirme lui-même un doute sur le travail scientifique et rationnel et privilégie une optique plus religieuse : « L'ethnographie, la sociologie, l'histoire ou encore la science politique occupent une place dans ce projet. Mais elle n'est pas centrale, et c'est peut-être le prix à payer pour 'ré-enchanter' l'Afrique »[92]. Mbembe se méfie en effet de « l'héritage du rationalisme »[93]. Aussi ne lui reste-t-il, pour parler de la mort et de la vie, que le domaine du rêve. L'expérience de l'histoire y est celle

---

[90]. Achille Mbembe, *De la postcolonie. Essai sur l'imagination politique dans l'Afrique contemporaine*, Paris, Karthala, coll. « Les Afriques », 2000, p. 28.

[91]. Sur la question de la « rationalité plurielle », on lira Paulin J. Hountondji (organisé par), La Rationalité, une ou plurielle ?, Dakar, CODESRIA/UNESCO, 2007 ; Paulin J. Hountondji, *L'Ancien et le nouveau. La production du savoir dans l'Afrique d'aujourd'hui,* Porto Novo, Centre africain des Hautes Études, 2009.

[92]. Achille Mbembe, « Avant-propos à la seconde édition : Politique de la vie et épreuve du fratricide », in : *De la postcolonie. Essai sur l'imagination politique dans l'Afrique contemporaine*, Paris, Karthala, coll. « Les Afriques », 2005, p. XXXII.

[93]. Achille Mbembe, *De la postcolonie. Essai sur l'imagination politique dans l'Afrique contemporaine*, Paris, Karthala, coll. « Les Afriques », 2000, p. 27.

du fantasme et du cauchemar où « le réel et la fable se reflètent l'un l'autre »[94]. Pour Achille Mbembe, « l'inconditionnalité d'une telle utopie - « donner la mort à la mort » - ne peut paradoxalement s'exprimer à partir « de phrases qui se voudraient claires, « scientifiques », alignées les unes à la suite des autres, mais « sous une forme poétique, voire onirique », une « écriture […] tantôt ouverte, tantôt hermétique, faite de rythmes, de mélodies et de sonorités, d'une certaine musique, à la manière d'un « chant d'ombre » qu'il faudrait non pas l'ouïe seule mais tous les sens pour capter, pour entendre réellement »[95]. Dès lors seule la poésie telle qu'il la comprend peut nous sortir de la science claire et « des régions de connaissance qui ne se ramènent pas aux sciences sociales classiques : la philosophie, les arts, la musique, la religion, la littérature, la psychanalyse »[96]. Il en découle deux choses : d'abord son usage de la littérature – notamment celle de Sony Labou Tansi - tient lieu d'enquête historique et sociologique ; ensuite, il reconnaît lui-même que le recours à « une interrogation de nature herméneutique et phénoménologique » lui a valu le reproche d'« une dépendance trop prononcée à l'égard de la pensée herméneutique pour rendre compte de la subjectivité »[97]. De ce point de vue, malgré la volonté de Mbembe de se démarquer de l'extrémisme constructiviste qui réduit la vérité à un simple effet du discours, l'arrière-plan philosophique de son ouvrage *De la postcolonie* (2000) baigne encore dans la thèse selon laquelle « tout serait dans le langage »[98].

L'idée est désormais que le monde extérieur n'existe pas, que tout n'est que production d'arguments, de conditions de vérité des énoncés, de modalités de la compréhension. Qu'à tout prendre, le monde ne peut qu'être l'objet

---

94. Achille Mbembe, *De la postcolonie* [2005], *op. cit.*, p. XVII.
95. *Op. cit.*, p. XVII.
96. *Op. cit.*, p. XVII.
97. *Op. cit.*, p. XXXII.
98. Achille Mbembe, *De la postcolonie* [2000], *op. cit.*, p. 28.

d'interprétation ou de représentation, puisque la réalité, le monde en soi et les faits n'existent pas. Puisque le monde n'est qu'un univers de récits, il n'est que représenté. Qui ne voit qu'il y a dans ce tournant interprétatif une corruption relativiste et une réduction nominaliste de l'ontologie herméneutique de H.-G. Gadamer. Lorsqu'une telle lecture affirme que l'être qui peut être bien compris est langage[99], elle nie l'existence objective de l'être lui-même au nom de la thèse que c'est nous qui construisons le monde avec nos idées et nos catégories. L'idée selon laquelle nos interprétations du monde sont essentiellement historiques et redevables du langage utilisé va désormais de soi. Dire tout « ce qui est » comme acte interprétatif lié au langage, c'est affirmer une position métaphysique qui est une resucée du vieil idéalisme subjectif. Nous l'avons vu, cette thèse vient à la pensée postcoloniale - par de multiples chaînons - d'une référence à l'herméneutique. Pour Gianni Vattimo en effet, celle-ci est « devenue une sorte de *koinè*, de langue commune […], et pas seulement de la culture philosophique »[100]. Gianni Vattimo caractérise encore l'herméneutique par un « affaissement interminable de l'être »[101]. On sait en effet que c'est à partir d'une certaine interprétation de l'herméneutique de Hans-Georg Gadamer qu'a découlé une grande partie du débat anglo-saxon sur la *linguistic turn* dont on voit encore un écho chez Judith Butler dans *Gender Trouble*. Elle y critique à la suite de Nietzsche la « métaphysique de la substance » qui ne dévoile pas le véritable ordre des choses. Pour Judith Butler en effet, rien n'accède à une attribution de sens que ce qui est représentable[102].

---

[99]. Pour une excellente critique du postmodernisme nihiliste de Gianni Vattimo et son idéalisme subjectif, lire Jean Grondin, « La thèse de l'herméneutique sur l'être », *in* : *Revue de métaphysique et de morale*, « La question de l'être, aujourd'hui », n° 4, octobre 2006, pp. 470-471.

[100]. Gianni Vattimo, « *La vocation nihiliste de l'herméneutique* », in : *Au-delà de l'interprétation. La signification de l'herméneutique pour la philosophie*, Bruxelles, Éditions de Boeck, 1997, p. 9.

[101]. Gianni Vattimo, « *La vocation nihiliste de l'herméneutique* », *op. cit.*, p. 21.

[102]. Judith Butler, *Trouble dans le Genre*, Paris, La Découverte, 2005, p. 90 sq. : « If drives must first be repressed for language to exist, and if we can attribute meaning only to that which is representable in language, then to attribute meaning to drives prior to their emergence into

Dès lors, tout ce qui est anté ou pré-discursif est exclu de l'expérience du monde, car le monde est construit par le langage.

Ce tournant linguistique et interprétatif s'exprime surtout dans le relativisme nominaliste du pragmatiste américain Richard Rorty. L'herméneutique de l'être y suit la thèse selon laquelle l'être qui peut être compris est langage (« *Being that can be understood is language* »). Rorty part d'une conception instrumentale du langage pour définir un nominalisme relativiste. Pour lui, toutes les essences sont nominales et toutes les nécessités *de dicto* : aucune description n'est plus vraie ou plus conforme à la nature de l'objet qu'une autre. De ce point de vue, l'idée de statut ontologique de l'objet est abandonnée. Abandonnée aussi l'autorité du savoir et de la raison pour rendre intelligible le réel. Les interprétations du monde tiennent donc d'un contexte et d'une temporalité spécifiques – les nôtres, par exemple. Dès lors qu'il n'y a que des constructions sociales et linguistiques, « ce qui est » c'est ce qui est objet d'interprétation. On ne peut donc dépasser le plan du discours pour accéder à l'être en soi. Comme le monde des *nécessités* relève du discours, et non de l'être, le monde se réduit à la construction que nous en avons[103]. Création de notre esprit, le langage a une portée si universelle qu'il absorbe l'être lui-même. L'être n'est alors qu'un nom utilisé par l'esprit pour décrire telle ou telle réalité, car il pourrait être autrement. On ne peut donc dépasser le plan du discours pour accéder à l'être objectif : « Nous ne comprenons jamais quelque chose qu'à travers une description, mais il n'y a pas de descriptions privilégiées. Il n'y a aucun moyen de remonter derrière notre langage descriptif vers l'objet tel qu'il est en lui-même, et ce n'est pas parce que nos

---

language is impossible ». Pour une excellence analyse critique, lire Éleni Varikas, *Penser le sexe et le genre*, Paris, PUF, coll. « Questions d'éthique », 2006.

103. Sur le constructivisme comme forme de l'idéalisme transcendantal, on lira encore Jean Grondin, « La thèse de l'herméneutique sur l'être », *op. cit. Cf.* aussi l'interprétation par Grégoire Biyogo de la pensée de Jacques Derrida et celle de Richard Rorty dans *Adieu à Jacques Derrida. Enjeux et perspectives de la déconstruction*, Paris, L'Harmattan, 2006, p. 123.

facultés sont limitées, mais parce que la distinction entre le « pour nous » et l'« en soi » est une relique d'un vocabulaire descriptif, celui de la métaphysique, qui a perdu son utilité »[104].

Pour répondre à une telle inflexion, Jean Grondin a relu Gadamer. Le philosophe canadien entend penser un être qui - tout en faisant droit au caractère langagier et historique de notre compréhension du monde - maintient l'idée que l'être que nous comprenons est bel et bien l'être lui-même : l'être se donne à comprendre dans notre langage. À Vattimo et à Rorty, Jean Grondin objecte que « cette non-thèse sur l'être reste, malgré elle, une thèse ontologique. Elle prétend en effet aussi dire « ce qui est », à savoir qu'il n'y a que des interprétations et que l'être se réduit aux interprétations que l'on en donne. Il tombe sous le sens que cette thèse veut donc être conforme à ce qui est, au sens le plus classique d'adéquation, et d'au moins deux manières : 1) elle se prétend conforme à ce qu'il en est de l'être (*esse est intelligi*) et 2) elle se veut conforme à la situation de notre époque (l'*aetas hermeneutica*), qui se serait avisée du caractère interprétatif de tout rapport à l'être. Bien qu'elle soit souvent malmenée, la vérité-adéquation ne peut elle-même reposer que sur l'idée que celle-ci serait « inadéquate » à la vérité elle-même ou à la réalité de l'interprétation, ce qui présuppose encore une fois la notion d'adéquation »[105]. Pour Jean Grondin, la lecture par Vattimo de l'herméneutique est une conséquence de la vision constructiviste du monde d'un vaste pan de la modernité qui remonte à Descartes et Kant et « stipule que l'être auquel nous avons accès se réduit au monde tel que nous le connaissons ou tel que nous le « construisons » avec nos idées, nos catégories, nos schèmes mentaux et nos « interprétations », mais dont on aurait reconnu au vingtième-siècle qu'ils étaient intégralement historiques et redevables du langage que nous utilisons.

---

104. Richard Rorty, cité par Jean Grondin, *loc. cit.*, p. 476.
105. Jean Grondin, « La thèse de l'herméneutique sur l'être », *l. c.*, p. 471.

Mais qui nous dit que cette vision, pardon, cette construction du monde est elle-même vraie ? Et si c'était cette construction qui n'était elle-même qu'une construction ? »[106].

De telles considérations sur l'idéalisme subjectif peuvent apparaître abstruses. Mais l'idéalisme linguistique qui en découle accompagne des pratiques et des choix politiques[107]. Pour Claude Morilhat par exemple, l'idéalisme linguistique a des incidences sur notre existence quotidienne, car il y a une consonance « entre les théories de la société qui évacuent toute saisie de la dimension conflictuelle de l'ordre social pour voir dans ce dernier essentiellement des échanges langagiers entre interlocuteurs de bonne volonté, et la délégitimation des luttes sociales ou le rabâchage des médias au sujet des « partenaires sociaux » ; d'un autre côté, si nous n'avons affaire qu'à des interprétations dont aucune ne peut prétendre représenter la réalité mieux que les autres, si la critique du néolibéralisme comme sa défense reposent sur des choix largement arbitraires, les raisons de se mobiliser contre l'ordre établi perdent une grande partie de leur force108. Un tel socle constructiviste a une portée culturelle essentielle : par la répudiation des lois de connaissance rationnelle et objective du monde, la pensée postcoloniale révèle un socle volontariste, démiurgique : par une sorte de *fiat* divin, la possibilité s'ouvre d'une reconstruction du monde en général et de l'univers africain en particulier sur de nouvelles bases – surtout une ultralibéralisation au forceps des normes sociale et économique. Car affirmer l'instabilité de l'être, c'est rendre fluides

---

106. Jean Grondin, *l. c.,* p. 471.

107. Mais aussi des choix pédagogiques, notamment avec l'option, par les responsables de l'éducation nationale au Cameroun, pour une pédagogie constructiviste au cœur de « l'approche par compétence ». Pour une critique philosophique de la parcellisation du corps et de la décomposition de l'âme qui en résulte, lire Jean-François Mattéi, *La Barbarie intérieure. Essai sur l'immonde moderne,* Paris, PUF, coll. « Intervention philosophique », 1999, notamment le chapitre IV « La barbarie de l'éducation ».

108. Claude Morilhat, *Empire du langage ou impérialisme langagier ?, op. cit.,* p. 12. Cet ouvrage élabore une analyse critique de l'idéalisme linguistique de J. R. Searle, J. Habermas et R. Rorty.

et fluctuantes toute identité et toute position. Mais en même temps, du point de vue politique, le rejet de toute valeur fondée et de toute vérité objective met en question la légitimité de l'ordre de l'État-providence et du modèle social quelque peu protecteur. Il est accusé d'être économiquement rigide, culturellement répressif à l'égard des « constructions différentielles », immoral à cause de sa tendance à la prédation. Exiger le retour à un État qui régule en faveur des plus faibles est utopique de ce point de vue. Exiger son contrôle plus démocratique est aussi forclos car ce qui est souhaité, c'est la perspective de constructions différentielles, au nom de la recherche d'un universalisme alternatif ou latéral. Ainsi le débat épistémologique sur l'hégémonie dans les sciences sociales - jusque-là interne aux disciplines elles-mêmes : est-ce à la psychologie ou à l'histoire que doit revenir l'hégémonie ? - devient épistémo-politique : la recherche sur les sciences non-hégémoniques et hétérodoxes devient celle d'une opposition qui passe entre la culture occidentale et la culture africaine.

§ 7. Il faut dès lors passer outre la thèse de l'identité et de l'universalité des structures de l'esprit humain que défendent occidentalistes et europhilosophes de l'Afrique subsaharienne, adeptes d'une épistémè trop consciemment cohérente et autocritique.

L'absence de dialectique de cette perspective ne veut plus voir « surgir, à côté de l'opposition Europe-Afrique, une autre opposition, passant à l'intérieur de l'Europe et de l'Afrique, entre les forces de libération de l'homme et celles qui se dressent contre cette libération. Les deux oppositions se compénètrent, la seconde tendant à se substituer à la première »[109]. Avant de faire cette critique de l'ethnophilosophie – dont l'approche est reprise par les épistémologies du Sud en quête de sciences non-hégémoniques, hétérodoxes, endogènes et locales -, Marcien Towa affirme d'ailleurs d'abord ceci : « Une communauté affranchie de la nécessité du besoin, au sein de laquelle tous les hommes puissent se reconnaître « comme se reconnaissant réciproquement » dans un nous qui soit un moi et un moi qui soit un nous, une telle communauté demeure, lorsqu'elle est sincèrement visée, une fin dont nous sommes tous plus ou moins éloignés, et les Américains plus que les autres. Elle ne sera effective qu'au prix des efforts conjugués de tous ceux qui à travers le monde luttent pour la suppression de l'exploitation organisée de l'homme par l'homme. La claire conscience de cet impératif éthique permet d'identifier et de juger toutes les forces obscures qui au sein même de la civilisation européenne s'opposent à sa réalisation »[110]. A l'opposé d'une telle perspective dialectique, l'interrogation porte désormais sur la construction différentielle de la nature humaine, car, de façon pratique, il s'agit d'ouvrir une « voie africaine » pour interpréter le monde : il faut, dit-on à la suite de l'ethnophilosophie hier, se situer loin de toute uniformité pour inventer la différence contre toute uniformité et toute unité répressives. Aussi cette vision constructiviste du monde se structure-t-elle autour de la quête subsaharienne d'une rationalité « non close », « plurielle »[111], mais surtout « ouverte » à la

---

109. Marcien Towa, *Essai sur la problématique philosophique dans l'Afrique actuelle*, Yaoundé, CLE, 1971, p. 69.

110. *Idem*.

111. Paulin J. Hountondji (sld), *La Rationalité, une ou plurielle ?*, Dakar, Codesria, 2007. La thèse défendue dans ce livre d'une « rationalité plurielle » renvoie à l'idée relativiste d'une rationalité qui serait une construction culturelle et historique : il s'agit, contre la rationalité occidentale d'ouvrir à des formes différentes, voire à une « plurielleté » de rapports au monde. Cette affirmation tranche radicalement avec les positions d'Hountondji de 1976 sur l'inhérence foncière du pluralisme interne relativement à toute société. Dans *Sur la philosophie africaine. Critique de l'ethnophilosophie* (Paris, Maspero, 1976), Paulin Hountondji affirme qu'aucune société au monde n'est unanimiste, que toutes sont pluralistes, et d'un pluralisme qui ne leur vient pas de l'extérieur,

transcendance divine. Le paranormal devient sous nos tropiques en voie rampante de la critique du procès de désenchantement, de sécularisation et de rationalisation du réel. Aussi le discours paranormal se donne-t-il in fine comme une union mystique avec Dieu, pour sauver contre les forces du mal - au premier rang desquelles se trouvent l'Etat-nation laïc et l'utopie d'un État fédéral africain puissant. L'antienne est désormais que la réflexion éthique souffre d'un manque de fondements à cause d'une laïcisation qui lui enlève toute justification extérieure ou supérieure à elle-même. L'éthique doit donc être arrimée de façon impérative à une Transcendance. Si cet unique fondement n'est pas accepté, la morale court le risque de s'étioler.

La conception constructiviste du monde a une autre incidence concrète : elle est en effet utile dans un monde de flux humains, de marchandises, de services où l'interchangeabilité exigée par le capital atteint même le vivant. On comprend que l'exigence de réorientation de l'activité intellectuelle ait pour finalité essentielle de dépasser des thématiques supposées sans avenir : la critique de l'ethnophilosophie, la critique de la postmodernité, l'hypostase de la raison unique[112]. Jean-Godefroy Bidima insiste aussi sur l'inutilité de la réflexion critique sur des sujets comme « l'éveil philosophique, l'ethnophilosophie, la méthodologie, la crise, les rapports de production, la

---

mais est toujours déjà-là par le jeu des aspirations, des besoins et des intérêts qui s'y affrontent. L'idée - affirmée par Pius Ondoua - d'une reconnaissance d'une pluralité des rationalités et des diversités culturelles ouvrant au pluralisme et valorisant, dans le culturalisme, la conjonction non agonistique des identités et des différences signifie que le pluralisme doit naître du respect du fait que chaque univers social et culturel est différent, et chaque « épistèmè » incomparable et incommensurable. La pluralité des rationalités s'exprime donc de deux manières : il y a, d'une part, l'idée que la raison n'est plus unique, et il y a, d'autre part, la thèse que l'identité et l'universalité des structures de l'esprit humain est non démontrée. Mais qui ne voit qu'en l'absence d'un universel qui réunirait les particuliers, le risque qui guette le multiculturalisme dont on nous fait l'éloge, c'est la fragmentation de l'humanité et la juxtaposition des êtres humains incapables de dialoguer – à cause de l'opposition d'identités culturelles, religieuses ou sexuelles.

112. Pius Ondoua, « 'Critique de l'absolu' ou vie du sens ? La philosophie chez Marcien Towa et Meinrad Hebga », *in : Annales de la FALSH*, Université de Yaoundé I, vol. 1, nouvelle série, 2009, 2e semestre, p.143.

lutte des classes, la révolution »[113]. Le lien entre ethnophilosophie, postmodernité, critique de la raison, plaidoyer pour des logiques et des modes particuliers de raisonnement ne doit aucunement surprendre, tout comme le fait que ces recherches suivent une voie parallèle aux travaux sur les ethnosciences et le travail indien critique des méthodologies globales de l'Occident. De fait, l'« éloge de l'ethnophilosophie » par Meinrad Pierre Hebga a pour but de réfuter comme occidentale « l'epistêmê trop consciemment cohérente et autocritique » du rationalisme en Afrique et sa critique de l'ethnophilosophie ; une telle epistêmê rationaliste se montre en effet incapable d'imiter l'Inde : « […] Assumons à bon escient l'ethno-philosophie qui est *notre destin à tous* […] sans nous embarrasser de la thèse non démontrée de l'identité et de l'universalité des structures de l'esprit humain […]. Un pays comme l'Inde semble avoir choisi, au niveau des universités publiques et des instituts religieux, d'accorder désormais, conformément à leur expérience séculaire, plus d'importance à la sagesse qu'à une « épistémè » trop consciemment cohérente et autocritique »[114]. Meinrad Pierre Hebga assume sur le plan formel le culte de la différence et de l'originalité. En réalité, il défend avec la dernière énergie une forme dogmatique de l'absolu chrétien. Or cet universel n'a strictement rien à voir avec quelque « expérience séculaire » que ce soit de l'Afrique. La recherche identitaire en cours en Afrique subsaharienne depuis les années 90 du vingtième siècle s'inscrit donc dans le même malentendu que celui qui a porté l'ethnophilosophie tempelsienne. Derrière le masque de la

---

113. Jean-Godefroy Bidima, *La Philosophie négro-africaine, op. cit.*, p.84.

114. Meinrad P. Hebga, *Dépassements*, Paris, Présence Africaine, coll. « Culture et Religion », 1978, pp. 86-87. Le problème, c'est que ce que Hebga met en avant, ce n'est pas l' « expérience séculaire » de l'Afrique, mais des mythes et des dogmes étrangers d'origine sémitique, notamment judéo-chrétiens. La preuve est qu'après que le Vatican a désapprouvé son *Eglises sous tutelle* où il défendait de façon d'ailleurs très mesurée quelques intérêts ecclésiastiques locaux, le Père Meinrad Pierre Hebga a tenu à souligner – en toute humilité - que son livre *Dépassements* a reçu l'imprimatur de la hiérarchie au Vatican : « Texte ayant été soumis à la censure canonique » (p. 7) ! Lire aussi, Meinrad P. Hebga, « Eloge de « l'ethnophilosophie », *in : Présence africaine*, 1982, n° 123.

différence, beaucoup défendent en réalité les idéologies africaines récentes portant sur la légitimité morale des droits à la propriété privée et à l'individualisme - et ce en rupture avec les orientations de nombre de sociétés africaines anciennes pour lesquels l'absolu était le collectif. Aussi la quête identitaire d'une expérience séculaire reprend-elle un fantasme qui vient de l'Inde où des penseurs veulent soit provincialiser l'Europe[115] soit développer l'*hindutva*. Or, au même moment, scientifiques, ingénieurs, savants et informaticiens indiens sont appréciés et sollicités partout à travers le monde. L'idée des diasporas indiennes d'une provincialisation de l'Europe s'affirme dans la tendance philosophique africaine qui vient d'être élevée à son acmé par une nouvelle génération de penseurs subsahariens des années 90 du XXe siècle portés par l'utopie de la *désoccidentalisation du monde*[116]. L'alliance entre des orientations conservatrices venues de l'Inde et la critique de la philosophie des Lumières explique leur appropriation de la thèse d'un échec de l'idée du progrès et de la modernité industrielle[117]. Aussi critique-t-on toute forme d'occidentalisme tout comme on oppose l'europhilosophie et l'ethnophilosophie[118]. Ainsi en est-il de Souleymane Bachir Diagne[119], Pius Ondoua[120], Jean-Godefroy Bidima[121], Bourahima Ouattara[122], qui trouvent fort oiseux les débats sur l'ethnophilosophie.

---

115. Dipesh Chakrabarty, *Provincializing Europe. Postcolonial Thought an Historical Difference*, Oxford, Oxford University Press, 2000. On lira à ce sujet, Diouf (sld), *L'Historiographie indienne en débat. Colonialisme, nationalisme et sociétés postcoloniales*, Paris, Karthala, 1999.

116. Achille Mbembe, *De la postcolonie. Essai sur l'imagination politique dans l'Afrique subsaharienne* [2000], Paris, Karthala, coll. « Les Afriques », 2005.

117. Mamadou Diouf (sld), *L'Historiographie indienne en débat, op. cit.*

118. Pathé Diagne, *L'Europhilosophie et la pensée du Négro-africain, suivi de : Problématique néo-pharaonique et épistémologie du réel*, Dakar, Sankoré, 1982.

119. Souleymane Bachir Diagne, « Revisiter 'La Philosophie bantoue' », *in :* Abel Kouvouama, *Philosophie et politique en Afrique, Politique africaine*, n° 77, mars 2000.

120. Pius Ondoua s'en prend à « la dissipation de nos énergies dans des débats véritablement oiseux […] : il n'est que de voir l'enfermement de notre débat philosophique dans des thématiques conceptuellement vacillantes : (a) la critique de l'Ethnophilosophie ; (b) l'affirmation de la raison

Afin de saisir les enjeux mythiques et théologiques du retour à l'ethnophilosophie, attirons l'attention sur l'esprit qui anime les travaux de Bouharima Ouattara qui tient aujourd'hui à revaloriser le primitivisme défendu par l'ethnologie coloniale. Il suit Babacar Sine qui a réhabilité dès 1977 les « impuretés ethnologiques » de l'ethnophilosophie contre les formes du rationalisme dans l'Afrique actuelle. Bourahima Ouattara veut défendre l'ethnophilosophie contre l'europhilosophie rationaliste. Le défaut de cette dernière tiendrait à son parti-pris pour le système au détriment de l'authentique fluidité de la manière d'être de l'Africain. En 2001, dans *Penser l'Afrique*, suivi de *L'Afrique « fragmentée »*[123], Bourahima Ouattara refuse toute idée de système ou de totalité en s'appuyant sur les données de la philosophie classique européenne critiquant la modernité, notamment le refus par Adorno d'une société administrée, le besoin d'Habermas d'un « décrochage » (*entkopellung*), le rejet par Lyotard des formes de légitimation de la société moderne. Bourahima Ouattara s'appuie aussi sur la thèse de F.-N. Agblemagnon selon laquelle en Afrique « il y a eu une certaine résistance à l'idée de système »[124]. Le système que rejette Ouattara est celui d'une modernité qui fait de l'économie un destin et du concept rationnel une dimension qui détermine les aspects les plus intimes de l'être : « Si l'Afrique noire résiste à l'idée de système, ce sont les tentatives anthropologiques,

---

comme unique alors que la thématique de la raison plurielle est pertinente et éclairante ; (c) la critique presqu'hystérique de ce que l'on appelle la postmodernité » (*La Raison unique, op. cit.*, p. 182).

121. Jean-Godefroy Bidima, « Philosophies, démocraties et pratiques : à la recherche d'un universel latéral' », *in Critique*, « Philosopher en Afrique », août-septembre 2011, n° 771-772, pp. 675-678.

122. Bourahima Ouattara, *Penser l'Afrique*, suivi de *L'Afrique « fragmentée »*, Paris, L'Harmattan, 2001, pp. 44-45.

123. Bourahima Ouattara, *Penser l'Afrique*, suivi de *L'Afrique « fragmentée »*, Paris, L'Harmattan, 2001.

124. *Cf.* F.-N. Agblemagnon, « Totalité et système dans les sociétés d'Afrique noire », *in : Présence africaine*, n° 41, 1962, p. 15.

ethnologiques, voire sociologiques, qui seraient invalidées ou du moins inachevées dans leur saisie conceptuelle de l'Afrique-en-tiers. Dans ces conditions, l'être serait en tiers de toute *épistémè*. Il n'en résulterait qu'une pseudo-connaissance ; mieux un pseudo-savoir, ce qui serait pour le moins une ineptie. La résistance au système qui est l'une des manifestations de l'être-en-tiers est visible tant au plan social, politique qu'au niveau économique ; à ce niveau, ce que l'on appelle « économie informelle » est la traduction pratique de cette résistance [...]. L'observateur attentif aux choses africaines saura ici multiplier les exemples où la résistance au système structure presque ontologiquement l'Afrique-en-tiers [...]. Il y a chez l'être-en-tiers un décrochage entre la *fluidité de sa manière d'être au monde* et les logiques qui voudraient l'organiser, fussent-elles endogènes ou exogènes ; un décrochage entre le Monde et le monde vécu par l'être-en-tiers [...]. En soustrayant l'Afrique négro-africaine à ces *ratio*-cinations, en en faisant l'*altérité de l'ordre conceptuel*, nous ouvrons là un espace philosophique. En lui s'origine l'idée d'un continent en tiers. Etre en tiers. Être en décrochage, c'est apparaître comme la *conscience fragmentée des univocités et des unilatéralités* [...] Il y a dans l'être-en-tiers une sorte de liberté inhérente à toute singularité, à toute particularité : singulière et difficile liberté »[125].

Pour briser le carcan de l'ordre conceptuel et de ses *ratiocinations*, et donc pouvoir penser une Afrique fluide, libre, « fragmentée » et détotalisée, Bourahima Ouattara avait énoncé un an auparavant le besoin que la philosophie africaine « ouvre une ère nouvelle [...] l'ère de la déstabilisation des totalités et des ensembles conceptuels »[126]. L'Afrique doit être

---

[125]. Bourahima Ouattara, *Penser l'Afrique, op. cit.*, pp. 44-45. C'est l'auteur qui souligne.
[126]. Bourahima Ouattara, « Figures ethnologiques de la pensée de l'être », *in : Cahiers d'Études africaines*, n° 157, XL-1, 2000, p. 81. Sur la question du *décrochage*, Jean-Loup Amselle vient de publier *L'Occident décroché. Enquête sur les postcolonialismes*, Paris, Stock, coll. « Un ordre d'idées », 2008. Bassidiki Coulibaly y est évoqué, mais pas Bourahima Ouattara.

« décrochée » du monde rationnel, conceptuel et technoscientifique de l'Occident pour rejoindre le socle « primitif » et « ethnologique » mis en valeur et théorisé par l'ethnophilosophie. Pour Bourahima Ouattara, une telle orientation correspond bien à la problématique heideggérienne lorsque le philosophe allemand pense l'Être à l'intersection de la philosophie et de l'ethnologie, car « l'ethnologie présuppose une analytique suffisante du Dasein »[127]. Qu'est-ce à dire ? Sinon qu'il faut déplacer le *topos* du politique chez Heidegger hors de la problématique philosophique qui veut dominer et maîtriser la nature, perspective qui veut que « l'Être relevât d'un sujet transcendantal et du moi empirique »[128]. La « fin de la philosophie » consisterait à tourner le dos à une civilisation mondiale qui a mis en route de façon initiale la philosophie par le développement des sciences et des techniques. La perspective de la fin de la philosophie et la crise de la métaphysique traduisent le début des revendications identitaires, car en postphilosophie souffle l'ère du pays natal, « le temps de l'Être se déroulant dans un espace ethnique. L'Histoire de l'Être ressortit à la Vokskunde autant qu'à la spéculation ontologique »[129]. En d'autres termes, la philosophie de Heidegger ouvre à un espace africain qui serait une voie africaine hors du règne de la technique. Comme cette voie a pour fondement une pensée « naturellement mythique et mystique », Bourahima Ouattara refuse de partager « aucune des susceptibilités moins philosophiques qu'idiosyncrasiques des tenants de l'europhilosophie face à l'ethnophilosophie »[130]. En tournant le dos à l'occidentalisme ou à l'europhilosophie, la philosophie africaine en finira derechef avec l'ère du

---

[127]. Martin Heidegger, *Être et Temps*, Paris, Authentica, 1985, p. 59, cité en exergue par Bourahima Ouattara, *l. c.,* p. 79.

[128]. Bourahima Ouattara, « Figures ethnologiques de la pensée de l'être », *l. c.,* p. 79.

[129]. *Idem,* p. 80.

[130]. *Idem,* p. 81.

concept pour faire sienne le fait que « l'indétermination de l'Être signifie son refus de toute conceptualité », parce que « l'Etre est une invalidation des principes du « concevoir » en tant que sens obvie du concept. Il est précritique (Adorno), anté-conceptuel et antéprédicatif […]. Le moment d'indistinction entre sujet et objet, conscience constituante et nature qui, dit-on, serait une faiblesse inhérente à l'ethnophilosophie apparaît comme la cheville ouvrière de l'ontologie heideggérienne »[131]. En s'éloignant de la philosophie conceptuelle et en répudiant la « compréhension linéaire et progressiste du temps » tout comme la maîtrise du monde, les Africains ont pour exemple l'ontologie de Heidegger lui-même. Cette autorité philosophique donnerait ainsi sa caution métaphysique au projet subsaharien de décentrement bucolique et mystique vers le monde de l'harmonie originelle d'avant une technoscience mortifère : « À l'intersection de la philosophie et de l'ethnologie, il s'agit certes de désarticuler le temps chronologique, mais aussi et surtout de décentrer l'espace en y faisant se répéter son antique harmonie. Harmonie qui postule que l'espace est le lieu d'un séjour, une habitation appelant une visitation des dieux et des mortels. Harmonie interdisant toute excavation à des fins instrumentales et utilitaires. Harmonie exigeant piété et prière. Laisser-être ontologique et mythologique des quatre éléments (dieux/ciel/terre/mortels) […]. Cette opération de décentrement renchérit et approfondit nos convictions quant aux motifs ethnologiques de la pensée post-philosophique »[132]. Retrouver « les figures ethnologiques de la pensée de l'être » recoupe aux yeux de Bourahima Ouattara les considérations heideggériennes sur le temps, l'espace, le mythe, l'aconceptualité, le bucolisme et la technophobie. Dès lors son but est de valoriser « cette altérité de la pensée conceptuelle » qu'est la pensée primitive, pour donner un nouveau lustre à une ethnophilosophie

---

[131]. *Idem*, p. 82.
[132]. *Idem*, p. 85.

rejetée par la conscience africaine acquise à la modernité technoscientifique et philosophique.

§ 8. Être universel, l'individu désiré par la pensée postcoloniale possède la plénitude totale de la perfection en lui-même, cette autarcie impliquant que son bonheur exige le sacrifice du genre à l'individu par l'affirmation de la légitimité de ses droits à la propriété privée et à l'inégalité.

Le postmodernisme et le traditionalisme en Afrique se rencontrent donc autour de l'idée de « révélation primitive » dont un aspect est le monothéisme originel[133]. Or, au fondement de l'idée d'une révélation et d'un monothéisme primitifs il y a l'affirmation de l'Un transcendant. Depuis Schelling, Feuerbach et Stirner, on sait une chose : lorsque le croyant se dépouille du masque religieux de la transcendance divine, il se pose lui-même dans ses désirs et ses besoins les plus prosaïques et les plus égoïstes. La pensée postcoloniale nous montre aussi que l'individu chrétien ou musulman peut sans états d'âme défendre et l'individualisme et l'idéologie de la légitimité des droits de la propriété privée et à l'inégalité. Un type d'individualité et de subjectivité apparaît qui s'affirme de façon cynique face au monde social pensé abstraitement avant toute relation plus directe : l'individu qui jusque-là se situait face à l'absolu se saisit désormais directement comme l'absolu pour entrer dans le processus frénétique de l'accumulation privée des richesses. Schelling l'avait saisi spéculativement lorsqu'il décrit le processus par lequel le mystique – postulé par Pius Ondoua à la suite de Meinrad Pierre Hebga - veut toujours en dernière analyse se mettre à la place de l'être qu'il absolutise :

---

133. Je me permets de renvoyer à Charles Romain Mbele, « L'Absolu de l'ethnophilosophie, ou la foi monothéiste originelle comme fondement théocratique de la Loi fondamentale », *in : Syllabus*, revue scientifique interdisciplinaire de l'Ecole normale supérieure, vol. II, n° 2, 2011.

« C'est avec difficulté qu'un visionnaire (*Schwärmer*) aurait jamais pu se satisfaire à l'idée d'être englouti dans l'abîme de la déité s'il n'avait pas toujours à nouveau mis son propre Moi à la place de la déité. C'est avec difficulté qu'un mystique aurait pu se penser anéanti, s'il n'avait à nouveau pensé son propre Moi à titre de substrat de cet anéantissement. Cette nécessité de se penser encore soi-même dans tous les cas vînt en aide à tous les visionnaires, et c'est elle qui fut également secourable à Spinoza. Tandis qu'il s'intuitionnaît soi-même comme abîmé dans l'objet absolu, c'est encore soi-même qu'il intuitionnait ; il ne pouvait pas se penser lui-même comme anéanti, sans se penser en même temps comme existant »[134]. Un tel individu peut alors se donner le droit de soumettre le monde entier à sa voracité illimitée et à sa « volonté arbitraire ». Dans la citation qui suit Marcien Towa résume bien cette vision et parvient à la conclusion suivante : « L'individualisme et la frénésie de l'accumulation [...] ne sont pas sans rapport avec la religion chrétienne. Le dieu chrétien (et musulman) est un individu solitaire dominant les autres êtres qui doivent le servir. L'identité de l'essence et de l'existence divines signifient que l'universel, l'absolu a la forme de l'individu. Le chrétien entend établir individuellement une relation intime avec cette individualité absolue de Dieu. En Dieu, l'individu humain jouit de la perfection absolue et devient aussi quelque peu absolu ; comme tel il n'a plus besoin de rien ni de personne en dehors de Dieu. Feuerbach cite ce texte significatif de saint Thomas : « La fréquentation d'amis n'est pas nécessaire au bonheur parce que l'homme possède en Dieu la plénitude totale de ses perfections [...]. Si donc par elle-même une âme jouissait de Dieu, elle serait heureuse malgré l'absence d'un prochain qu'elle aimât ». « Le chrétien, commente Feuerbach, n'a pas

---

134. Schelling, *Lettres philosophiques sur le dogmatisme et le criticisme, in : Premiers écrits (1794-1795),* présentation, traduction et notes de Jean-François Courtine avec la collaboration de Marc Kauffmann, Paris, PUF, coll. « Épiméthée », 1987,p. 191.

besoin d'aucun autre moi, parce que en tant qu'individu il n'est pas du même coup individu, mais genre, être universel, parce qu'il « possède la plénitude totale de sa perfection en Dieu », c'est-à-dire en lui-même [L. Feuerbach, *L'Essence du christianisme*, Paris, Maspero, 1966, p. 291, note 2]. Il suffit par conséquent à l'individu chrétien de se débarrasser du masque de la religion pour se poser ouvertement comme un absolu ayant le droit de soumettre le monde entier à sa voracité illimitée et à sa « volonté arbitraire », pour reprendre une expression de Cheikh Hamidou Kane. Lorsque ce dernier, expliquant lui-même la signification de son roman, déclare : « La conviction de Samba Diallo est que la foi religieuse (et surtout l'islam) constitue avant tout un problème qui met en relation, face à face, le fidèle et Dieu » [Cheikh Hamidou Kane, Interview accordée à *Cameroon Tribune*, le 7 juillet 1975], il prépare idéologiquement (mythologiquement, pour être précis) le terrain à l'individualisme capitaliste, à la frénésie de l'appropriation et de l'accumulation privées caractéristique de son mode de production, et à la jungle des rapports entre les classes et les peuples qui en découle »[135].

C'est à cette aune qu'il faut lire le partage et la division du monde subsaharien en deux pôles opposés du droit par la théologie du marché et de la prospérité : celui des droits collectifs et celui des droits individuels. Le pôle des droits individuels constitue le pôle des surhommes qui n'ont pas à justifier leur surhumanité face à une sous-humanité ravalée dans la médiocrité qu'on a seulement à constater et à décrire. La position d'Achille Mbembe est à ce sujet non sans contradictions et incohérences. Il veut en effet dans le même mouvement légitimer l'ordre de « la jouissance des droits individuels » - jouissance fondée sur « la légitimité de la propriété privée et de l'inégalité » - et la promotion d'un « État de droit » affirmant « l'égalité fondamentale entre

---

135. Marcien Towa, *L'Idée d'une philosophie négro-africaine*, Yaoundé, Clé, 1979, pp. 64-65.

individus reconnus dans leur dignité » : « En effet, en érigeant, au lendemain des indépendances, la double construction de l'État et de la nation comme impératif catégorique, les régimes autoritaires postcoloniaux les avaient dépolitisés. Parallèlement, ils avaient développé une conception de la nation reposant sur l'affirmation des droits collectifs que les dirigeants opposaient aux droits individuels. Le développement, en tant que métaphore centrale du pouvoir et utopie de transformation sociale, représentait le lieu de réalisation de ces droits ainsi que le bonheur collectif [...]. C'est ce consensus qui a été brisé au début des années 90. En mettant en avant les notions de droits individuels et en réactivant les débats sur la légitimité de la propriété privée et de l'inégalité, le modèle de l'économie de marché a ruiné cette construction idéologique »[136]. Mbembe regrette que cette nouvelle idéologie pour laquelle il travaille ne soit pas encore enracinée dans les pratiques politiques : « Il ne s'en est pas nécessairement suivi une réappropriation et des traductions locales des principaux noyaux philosophiques de l'État de droit (reconnaissance politique de l'individu comme citoyen rationnel, capable de procéder par lui-même à des choix indépendants ; affirmation de la liberté individuelle et des droits s'y rattachant ; égalité fondamentale entre individus dans leur dignité[137].

En fin de compte, toute la réflexion méthodologique et épistémologique de la pensée postcoloniale a pour finalité une réflexion philosophique locale sur le droit dont les implications éthico-politiques coïncident avec « le modèle de l'économie de marché » et son vibrant éloge de « l'affirmation des individus »[138]. Cette philosophie du droit suppose qu'il y a une *volonté bonne*

---

[136]. Achille Mbembe, « *L'Afrique entre localisme et cosmopolitisme* », in : *Esprit,* octobre 2002, p. 68.
[137]. *Idem*, p. 68.
[138]. Jean-François Bayart, *L'État en Afrique. La politique du ventre* [1989], Paris, Fayard, coll. « L'espace du politique », 2006, p. 323.

et son « *souci d'une vie bonne* »[139]. L'individualité est ici la métaphore de la liberté en tant qu'elle est l'autre du système qui veut la corseter. Et cette « volonté bonne » doit se réaliser par la réactivation idéologique de « la moralité de l'accumulation privée des richesses et son corollaire, l'exclusion sociale »[140]. Mais il y a la *volonté mauvaise, pervertie*. Cette volonté mauvaise résiste au changement qui s'annonce, car elle ne veut pas prendre acte de sa mort proche. Comme elle refuse de se plier lorsque le moment du passage du témoin est arrivé, d'énergiques réformes structurelles de l'économie - « sa mise sous ajustement économique », selon l'expression de Mamadou Diouf[141] - doivent la contraindre – avec autorité - à entrer dans le procès des réappropriations et des traductions locales du noyau incoercible des normes de la réussite individuelle – qui est posée désormais comme l'unique souci d'une vie bonne[142]. Il faut donc travailler sur le plan théorique en vue de la fragmentation violente des entités existantes, notamment en minant de l'intérieur les familles et les sociétés les mieux établies[143]. C'est un tel dessein qui se trouve à l'arrière-plan des conceptions aléatoires de l'histoire, au refus de toute idée de totalité, à la justification de l'indétermination du sujet, à l'apologie de la fluidité de notre manière d'être.

---

139. Jean-Godefroy Bidima, « La philosophie en Afrique », *in :* Jean-François Mattéi, *Encyclopédie philosophique*, t. IV : *Le Discours philosophique*, Paris, PUF, 2000, p. 270.
140. Achille Mbembe, « L'Afrique entre localisme et cosmopolitisme », *in : Esprit,* octobre 2002, p. 68.
141. *Op. cit.*, p. 32.
142. La question de la vie bonne qu'on trouve ici chez Bidima se rencontre déjà dans Ébénézer Njoh-Moullè, *De la médiocrité à l'excellence. Essai sur la signification humaine du développement* [1970], Yaoundé, Éditions CLE, 2011, pp. 54-55.
143. Jean-Godefroy Bidima, *Théorie critique et modernité négro-africaine. De l'École de Francfort à la « Docta Spes Africana »*, Paris, Publications de la Sorbonne, pp. 240-241.

§ 9. La verbosité néo-traditionaliste veut celer les processus de destructivité humaine en cours – celle-là même que la pensée postcoloniale ne veut expliciter et assumer crûment devant les peuples africains.

On ne peut toutefois tenir ce discours crû aux populations sans qu'il soit rejeté. Aussi parle-t-on de Dieu, de différence, d'identité. Aussi, pour beaucoup, désormais, faut-il sortir du face-à-face avec l'Occident[144], de la *bibliothèque coloniale*[145], et donc fuir le *modèle de l'homme occidental prométhéen*[146]. Nous avons vu plus haut que Meinrad P. Hebga exige de dépasser la thèse de l'identité et de l'universalité des structures de l'esprit humain. Bidima pense qu'il faut désormais tourner le dos à la relation biunivoque Afrique/Occident pour s'ouvrir à l'Asie en décentrant l'enseignement de la philosophie hors d'un dualisme Afrique-Occident[147]. Jean-Godefroy Bidima annonce un programme d'études : « Peut-être cette philosophie africaine devrait voir du côté de la pensée juive, indienne ou inca

---

144. Aggée Célestin Lomo-Myazhiom, « Peuples otages », *in* : *Latitudes noires*, Paris, Homnisphères, 2003-2004, p. 79. Dans *L'Occidentalisme. Une brève histoire de la guerre contre l'Occident* (traduction de l'anglais par Claude Chastagner, Paris, Éd. Climats, 2006), Ian Buruma et Avishai Margalit montrent que la volonté de se débarrasser de la modernité occidentale s'est d'abord développée au sein de l'Occident lui-même, plus tard dans le Japon shintoïste et maintenant dans le monde islamique. Pour eux, l'occidentalisme est une vision déshumanisée de l'Occident décrit comme matérialiste, mécanique.

145. V. Y. Mudimbe, *The Invention of Africa*, Bloomington, Indiana University Press, 1988.

146. Bassidiki Coulibaly, *Du Crime d'être « Noir »*, Paris, Homnisphères, 2005. Il y a là une vision spontanée, culturaliste et essentialiste de la civilisation européenne réduite au prométhéisme. Or dans celle-ci, à côté du prométhéisme, il y a des traditions anti-prométhéennes – par exemple tout le courant épiméthéen qui va du *Protagoras* de Platon jusqu'à Hans Jonas (1903 - 1993) et à Gunther Anders (1902-1992). Il n'y a pas seulement le dualisme en Occident - comme le dit le Père Meinrad Pierre Hebga - mais aussi de nombreux monismes, qu'ils soient idéalistes, spiritualistes ou matérialistes.

147. Jean-Godefroy Bidima, « La philosophie en Afrique », *in* Jean-François Mattéi, *Encyclopédie philosophique universelle*, t. IV, *Le discours philosophique*, Paris, PUF, 2000, p. 266. Sur la question du décentrement, lire Christoph Jamme, *Introduction à la philosophie du mythe*, tome 2, *Époque moderne et contemporaine*, traduit par Alain Pernet, Paris, Vrin, coll. « Essais d'art et de philosophie », 1995, pp. 147-150.

afin de s'enrichir »[148]. Aussi Mamadou Diouf s'est-il ouvert aux *Subaltern Studies* indiennes, Bassidiki Coulibaly au taoïsme, Aggée Lomo à la pensée inca, Achille Mbembe à la philosophie juive - notamment le visage de l'autre de Lévinas et l'idée derridienne de donner la mort à la mort, etc. On s'inquiète donc de la vision linéaire de l'histoire de C.-A. Diop qui veut enjamber la *parenthèse coloniale*, poursuivant ainsi la reconstruction d'un universel humain sur le modèle de la matrice de la rationalité occidentale. Il s'agit surtout de l'histoire linéaire proposée par la philosophie des Lumières dont les traits essentiels sont le Progrès, la Raison, les Sciences et l'Histoire. Le nationalisme africain est critiqué parce qu'il se serait coulé dans cette discursivité dans son projet de construire un État-nation ; il décline aussi « l'unicité de la raison » et de ses normes hiérarchisées et inégalitaires des formes de connaissances et des modes de vie sous la forme du progrès, de la modernité, du processus d'universalisation, du développement des sciences. Le nationalisme est amené à inscrire l'idée de l'État-nation dans le « projet impérial européen », et fait de la « bibliothèque coloniale » une référence incontournable[149]. Telle serait l'entreprise de C. A. Diop qui reprend le discours égyptologique d'un Volney par exemple. Le grand tort d'une telle orientation téléologique de l'histoire serait qu'elle reste aimantée par le but de construire un État-nation fédéral africain : elle en vient, d'une part, à gommer la pluralité des modes d'exposition, d'encodage, de mise en ordre des récits et d'exhibition des régimes de vérité et, d'autre part, à être en décalage avec l'historiographie indienne de l'école des *Subaltern Studies*[150]. Le résultat est fort inquiétant pour certains postcoloniaux : la « bibliothèque coloniale » vise

---

[148]. Jean-Godefroy Bidima, *La Philosophie négro-africaine,* Paris, PUF, coll. « Que sais-je ? », 1995, 48.

[149]. Mamadou Diouf, *L'Historiographie indienne en débat, op. cit.,*, p. 12.

[150]. Mamadou Diouf, « Sortir de la parenthèse coloniale. Un défi fondateur pour les historiens africains », *in : Le Débat*, n° 118, janvier-février 2002, pp. 60-61.

une totalité répressive de la différence communautaire. Cette dernière tout comme les « constructions différentielles » sont une façon euphémique de parler de religion, de tribu ou d'ethnie. Ces « fragments de la nation » auxquels on ajoute les figures substantialisées de la femme et du paysan seraient les exclus du discours nationaliste[151]. Pour la pensée postcoloniale, l'idée d'unité est à la source de la criminalité historique et politique en cours en Afrique, car le projet totalisant d'un développement économique et de justice sociale s'est effondrée en pauvreté absolue, en autoritarisme et en violence quotidienne. Au lieu d'une identité nationale totalitaire, il faut penser - selon un topos postmoderne déjà rencontré chez Bouharima Ouattara et d'autres - aux « réseaux fluides et flexibles », fragmentés de notre manière d'être. Dès lors d'autres formes d'identification émergeront qui ne seront plus contrôlées par un projet exclusif[152].

Malgré l'invitation au désengagement politique tant souhaitée par cette réorientation méthodologique de l'historiographie africaine, l'idée se fait jour que - hors du cadre exclusif de la modernité occidentale - d'autres *formations de la conscience universelle* émergent. On propose donc de décentrer la modernité - de développer une compréhension *décentrée du monde*, en remettant en cause le modèle historique occidental fondé sur l'idée de progrès, de raison et de développement des sciences. Ce nouvel horizon culturel est en rupture complète avec *l'esprit de Bandoeng* et du *Plan d'action de Lagos* qui ont donné tout leur poids à la raison, à la science, à la technique comme fondement du progrès et de la modernité impulsée par un Etat-nation éclairé. Assurément des formes de despotisme obscur ont vu le jour. Mais là où cet État-nation laïc a été brisé au profit des tribus et des identifications religieuses

---

151. Mamadou Diouf, *L'Historiographie indienne en débat, op. cit.*, p. 18-19.
152. Mamadou Diouf, *L'Historiographie indienne en débat. Colonialisme, nationalisme et sociétés postcoloniales, op. cit.*, p. 31.

– désirées par Mamadou Diouf -, on assiste au chaos. Ce nouvel horizon fait aussi fausse route en pensant que l'héritage du rationalisme - auquel des penseurs d'origine africaine ont participé de l'Antiquité aux temps modernes - ne vaut plus de façon incontestée, qu'il faut rompre avec la philosophie des Lumières et ce qu'elle a promu pour s'ouvrir à la seule Asie des valeurs traditionnelles célébrées par des penseurs comme Ashis Nandy qui refuse toute « protestation virile » à cause de son coût élevé[153]. La pensée postcoloniale se trompe aussi lorsqu'elle identifie processus de maîtrise de la civilisation industrielle et occidentalisation. Elle risque par cette erreur d'analyse de fausser nos échanges matériels, immatériels et philosophiques avec l'Occident et l'Asie - au moment justement où l'Inde veut combler à pas de géant son retard industriel et fait fi des modes intellectuelles diasporiques indiennes ou de l'hindutva - entées par la quête de l'identité et de la différence.

Au nom de la culture, de l'identité et de l'authenticité[154], s'observe donc sous nos cieux une offensive généralisée pour la défense et l'illustration d'une raison plurielle ou transculturelle, le droit de réfléchir sur les problèmes de l'existence à partir de l'expérience socioculturelle des peuples, les recherches sur la construction sociale et culturelle des connaissances, les travaux sur les aspects contextuels et distribués de la cognition, une vision différentielle et fragmentée de la société. Le postulat de telles recherches est désormais que la culture est partie prenante de la constitution même de la cognition. Celle-ci serait donc un phénomène en quelque sorte socialisé puisqu'il est distribué dans le collectif ou dans les communautés de pratique. De ce point de vue on s'oppose aux modèles qui postulent l'existence d'un appareil cognitif

---

153. Ashis Nandy, *L'Ennemi intime. Perte de soi et retour à soi sous le colonialisme* [1983, initialement publié en anglais en 1984], traduit de l'anglais (Inde) par Annie Montaut, Paris, Fayard, coll. « Les quarante piliers/Série matériaux », 2007.
154. Pius Ondoua, *La Raison unique, op. cit.*, p. 198.

universel. Aussi cette perspective ne s'embarrasse-t-elle plus de la thèse de l'identité et de l'universalité des structures de l'esprit humain. L'ethnophilosophie arbore ainsi de nouveaux masques et de nouveaux oripeaux. Ces nouveaux atours s'incarnent notamment dans les travaux et les recherches sur les *savoirs hétérodoxes, endogènes, locaux*[155] sur le paranormal. Ces derniers sont désormais adoubés comme étant des épistémologies spontanées. À l'opposé des hiérarchies classiques du savoir, les « épistémologies du Sud » - comme on les désigne désormais – sont aussi valables que les épistémologies établies, notamment celles qui viennent de l'Occident. Ces savoirs *hétérodoxes* - l'occultisme, la magie, la sorcellerie, l'astrologie - doivent donc être aussi enseignés à l'université pour remplacer un savoir basé surtout sur les humanités, les arts, les acquis de l'humanisme, de l'esprit scientifique et de la raison critique. Aussi une offensive réformatrice entend-elle désormais « arrimer l'Université camerounaise à la postmodernité »[156]. L'objectif est *in fine* culturel et identitaire, car il s'agirait de refuser que notre université – où est en gésine notre avenir - ne soit un décalque de l'école occidentale. Mais cette perspective identitaire souhaite - non sans contradiction - l'extension de la solvabilité des études universitaires - au nom des « activités génératrices de revenus ». Or ces « activités génératrices d'initiatives rentables » sont exigées par l'« économie du savoir » du système de la civilisation ultralibérale d'essence occidentale dans sa conceptualité. On évoque à ce sujet la « spécificité des cultures locales et leur ancrage dans les traditions africaines millénaires ». Le problème de l'université est désormais celui de la spécificité. Or qui ne sait que ce qui fait la valeur

---

[155]. Paulin Hountondji (sld), *Les Savoirs endogènes. Les pistes pour une recherche*, Dakar, Codesria, 1994.

[156]. *Cf. Sup Infos*, Revue mensuelle du Ministère de l'enseignement supérieur, n° 12, janvier 2010, p. 60 ; voir aussi www.minesup.gov.cm. Sur les recherches critiques sur les sciences hégémoniques pour construire des sciences non-hégémoniques, *cf. Knowwhy Global Research*, http://www.knowwhy.net/

d'une solution, c'est la rigueur dans l'effort de réflexion, toutes les situations concrètes étant peu ou prou spécifiques : l'effort pour maîtriser le concret par la réflexion et par la pensée critique et conceptuelle aboutit toujours à des solutions originales. Aussi faut-il toujours adopter un langage universel, tout en partant et en puisant dans notre patrimoine particulier. Pour nombre de philosophes africains attachés à l'universel, l'africanité d'une doctrine ne peut constituer un critère suffisant de validité. Il ne suffit pas qu'une doctrine soit pensée ou repensée par nous pour qu'elle soit valable. L'africanité d'une doctrine ne peut convaincre quiconque puisque nous avons par exemple abandonné nos religions pour le christianisme et l'islam sans états d'âme ! Il faut en outre et surtout que la solution réponde aux exigences concrètes et éprouve sa solidité en affrontant la contradiction, en s'imposant de réfuter soigneusement les doctrines concurrentes. Aussi devons-nous revendiquer « le droit à l'universalité », mais en fonction de la « dialectique de nos besoins » – selon le mot de Césaire.

Assurément la validité universelle de la science doit aller de pair avec le questionnement de notre rapport à la science, à l'enracinement et aux modes d'appropriation historique du savoir, à l'évaluation des rapports de production scientifique et technologique à l'échelle du monde. Mais observons que la culturalisation des questions et des problèmes éloigne d'un débat exigeant sur la science, la mondialisation capitaliste et la polarisation humaine et sociale qu'elle induit à l'échelle des nations africaines et à l'échelle du monde. Polarisation qui fragmente à l'infini l'humanité ici et là sur des bases uniquement culturelles, religieuses, sociétales. Une telle culturalisation se voit lorsque Pius Ondoua élève au rang d'urgence un discours identitaire et culturel opposé à la *tyrannie du logos*. En cette dernière se cacherait idolâtrie de la raison et ratiolâtrie dont l'horizon idéologique serait le totalitarisme et la violence : « La problématique de l'authenticité [est] urgente, si la totalisation technoscientifique aboutit à une mutilation de l'humain ou même son anéantissement. C'est d'ailleurs à ce niveau que l'on peut inscrire la problématique, connexe de la mondialisation et de la figure unique qu'elle offre, résorbant tendanciellement les identités, les cohérences systémiques et les diversités culturelles »[157]. Qui ne voit qu'en celant la proximité mondiale des problèmes, en culturalisant les solutions, ce discours fait le lit de ce qu'il prétend combattre. La fragmentation culturelle de l'humanité se voit dans l'opposition subliminale ou explicite entre la modernité occidentale oppressive, violente et la culture africaine dessaisie d'elle-même. On valorise la différence en soi contre le froid canon de la raison occidentale où on perçoit une entreprise d'anéantissement de l'homme. On fait coup double : on efface la participation locale aux forces globales d'asservissement et on se drape à bon compte de breloques communautaires[158] contre l'Etat-nation laïc accusé d'être importé d'Occident. On sait aujourd'hui à quoi a abouti cette critique culturaliste de la laïcité qui a commencé à se développer au Nigéria dans les années 70 : à la haine de l'école et de la modernité.

Hier pour détruire le projet d'un État-nation autocentré, on a fait miroiter la menace du communisme, parce que « ces doctrines reposent sur l'annihilation de l'individu, de la personne humaine par la toute-puissance de l'Etat, du parti. La stabilité de la famille ébranlée, tous les droits sur l'enfant sont attribués à

---

[157]. Pius Ondoua, « 'Critique de l'absolu' ou vie du sens ? La philosophie chez Marcien Towa et Meinrad Hebga », *l. c.*, p. 137.

[158]. Pour le processus visant à combiner dans un autre contexte un facteur culturaliste et identitaire de longue durée et un facteur conjoncturel d'intégration dans le nouvel ordre mondial, lire Anne Cheng, « Confucianisme, postmodernisme et valeurs asiatiques », *in :* *Universités de tous les savoirs* sous la direction d'Yves Michaud, « Qu'est-ce que la culture ? », Paris, Éditions Odile Jacob, 2000.

l'Etat »[159]. Par-delà les époques, ces propos ont un air de famille avec ceux d'aujourd'hui. Dans notre actualité, la laïcité et la rationalité qui la soutient et en est l'étai sont vilipendées comme criminelle, répressive et violente. Et toutes les deux sont élevées au rang de fourriers du matérialisme philosophique. Aussi souligne-t-on volontiers dans ces milieux - sur un ton empreint d'irénisme qu'aucune concertation interreligieuse ne ratifie - le besoin d'une alliance entre les monothéismes chrétien et islamique pour « défendre les Africains contre le matérialisme »[160].

---

[159]. Pour mémoire, on lira la *Lettre commune des vicaires apostoliques* : celle-ci sous la colonisation identifiait le nationalisme africain au communisme : *Annexe II, in :* Louis Ngongo, *Histoire des forces religieuses au Cameroun. De la Première Guerre mondiale à l'Ind*épendance (1916-1955), Paris, Karthala, 1982, p. 291.

[160]. A. Ngindu Mushete, *Les Thèmes majeurs de la théologie africaine*, Paris, L'Harmattan, 1989, p. 64.

2.

Rien à faire au monde

« [This country] turns aflame with famishing tongues […] withered Crops/and hand sewn clothing […] [a] world [that] had suddenly turned off and fallen into chaos ». [Bongasu Tanla Kishani, A Basket of Kola Nuts][161].

« Alors s'assit sur un monde en ruines une jeunesse soucieuse […]. Tous ces enfants […], on les avait trempés dans le mépris de la vie […]. Ils avaient dans la tête tout un monde ; ils regardaient la terre, le ciel, les rues et les chemins ; tout cela était vide ». [Alfred de Musset, La Confession d'un enfant du siècle][162].

« Car, nous l'avons dit, le Tiers-Monde n'est pas exclu. Bien au contraire, il est dans la tourmente » [Frantz Fanon, Les Damnés de la terre][163].

---

[161]. Bongasu Tanla Kishani, « Cameroon: Who Wins », *in A Basket of Kola Nuts,* Bamenda, Langaa Research and Publishing, CiG, 2009, p. 62.

[162]. Alfred de Musset, *La Confession d'un enfant du siècle,* Paris, Flammarion, coll. « GF », 1993, pp. 28-29.

[163]. Frantz Fanon, *Les Damnés de la terre*, préface de Jean-Paul Sartre, présentation de Gérard Chaliand, Paris, Gallimard, coll. « Folio-Actuel », 1991, p. 108.

Note de l'auteur

* Ce texte est la version française retravaillée d'un exposé intitulé « Is it «Nonsense» for Africa to Search for a Place in the Modern World?». Il a été présenté lors du *The 12th Southern Interdisciplinary Roundtable on African Studies (SIRAS)* [April 7-10, 2011]: *«The Search for a Place: Marginalization, Community, and Empowerment in Africa and the African Diaspora»*, Kentucky State University (Frankfort, Kentucky, USA), 8 avril 2011. Qu'il me soit permis de mentionner la Miami University (Ohio-USA) pour remercier les professeurs Jim Jones, Cyril Daddieh et John Manning Cinnamon auxquels je suis redevable des moyens mis à ma disposition comme *International Visiting Scholar* pour assister à ce colloque. Ce texte a ensuite été exposé à Otélé [dans le Département de la Mefou Akono] le 12 novembre 2011 à l'invitation du Recteur Jacques-Philipe Tsala Tsala et du vice-Recteur et Préfet des études Mgr Thomas Bienvenu Tchoungui du Grand Séminaire de philosophie et de propédeutique Marie-Reine des Apôtres. Qu'ils soient ici remerciés pour leur accueil et les conditions de séjour et de travail.

Philosophies du chaos. À propos du laboratoire de l'ajustement à la mondialisation capitaliste.

Un tournant récent de la philosophie en Afrique subsaharienne refuse que le sous-continent recherche une place dans la modernité à cette phase de l'ordre du monde. Depuis la mise en place des ajustements structurels, un tel refus se donne sous la forme de l'idée et de la théorisation d'une double exclusion.

1/ Il y a d'abord une exclusion d'un ordre du monde gouverné par le principe du rendement[164]. Aussi le désir s'affirme-t-il de sauvegarder l'identité africaine en résistant au système homogénéisant qui exclut l'Afrique-en-tiers. Et cette nouvelle identité doit se caractériser par une *fluidité de la manière africaine d'être au monde*. La caractéristique principale de l'être africain ainsi ontologisé, c'est qu'il n'a rien à voir avec le concept et la raison[165]. L'Afrique doit être en d'autres termes « décrochée » du monde rationnel, conceptuel et technoscientifique de l'Occident pour rejoindre le socle « primitif » mis en valeur et théorisé par l'ethnophilosophie et l'ethnologie coloniale avec Lévy-Bruhl et son idée de mentalité primitive et prélogique.

2/ Il y a ensuite une exclusion de l'histoire des *subordonnés* africains au moyen de l'ajustement structurel. L'objectif clairement affiché est de permettre leur meilleure exploitation par le capital interne et externe. La finalité ultime est que l'accumulation primitive du capital doit rendre l'Etat africain plus productif et plus compétitif[166]. Une telle perspective sacrificielle

---

164. Jean-Godefroy Bidima, *Théorie critique et modernité africaine*, Paris, Publications de la Sorbonne, 1993, p. 11.
165. Bourahima Ouattara, « « Figures ethnologiques de la pensée de l'être », *in : Cahiers d'Études africaines*, n° 157, XL-1, 2000, p. 81.

166. La réflexion « politiste » a pris les ajustements structurels et la contrainte globale de la dette et des conditions liées à son remboursement comme sujet d'interrogation en vue de penser

n'a aucun souci pour les vaincus de la compétitivité et de la productivité. Sur la base d'une contractualisation des rapports sociaux, le consensus issu des institutions de Bretton Woods a eu pour dessein de réaliser progressivement le démantèlement progressif de la puissance publique ou étatique, par la dérégulation et la privatisation de tous les aspects et de tous les actifs de nos sociétés. L'objectif a été d'établir le libre marché. Mais comme il s'agit d'un capitalisme périphérique, compradore et parasitaire, la conscience de l'absence de créativité historique liée au fait que les décisions essentielles sont prises ailleurs apparaît – ainsi que l'a bien analysé Frantz Fanon dans *Les Damnés de la terre* - comme une exclusion de l'histoire.

Insistons quelque peu sur cet aspect. Contractualisation et brutalisation des rapports sociaux portées par l'irruption violente, cruelle et désinhibée d'intérêts catégoriels ont signifié pour beaucoup la fin du monde avec, en creux, la possibilité d'une exclusion de l'Afrique elle-même de la scène du monde. L'ébranlement de la vie du grand nombre exclu du travail et de l'unité substantielle de la société a été contemporaine de la montée d'intérêts privés et égoïstes de forces vives autoproclamées comme la société civile - à savoir le monde des lobbies économiques, féodaux, bureaucratiques et religieux qui se sont élevés des décombres d'États pillés et acculés au déclin et à la dégénérescence politico-culturelle. Cette situation a rendu inexorables toutes les figures de contrainte et de tutelle externes à cause de l'étreinte du désendettement. La pensée postcoloniale exprime idéologiquement les visions du monde de ce moment historico-culturel et les soutient. Aussi est-elle clivée par les enjeux de la mondialisation capitaliste qu'elle accompagne. Aussi

---

l'intensification de l'exploitation économique productiviste interne pour résoudre notre conflit avec le marché universel, cf. Jean-François Bayart, *L'Etat en Afrique. La politique du ventre,* Paris, Fayard, coll. « L'espace du politique », 1989, p. 45 et p. 315 ; *cf.* aussi Achille Mbembe, *De la postcolonie. Essai sur l'imagination politique dans l'Afrique contemporaine,* Paris, Karthala, coll. « Les Afriques », 2000, notamment le chapitre 2 « Du gouvernement privé indirect » qui montre les ravages de l'ajustement structurel.

encourage-t-elle la désaffiliation tout en prenant acte du double phénomène de surexploitation mais aussi d'inutilité et de superfluité d'une partie de l'armée de réserve, notamment par un monde de l'entreprise qui envisage « le marché mondial comme marché naturel » et se conceptualise lui-même – en reprenant les métaphores de Sombart et de Schumpeter – comme processus de la « destruction créatrice »[167]. « On peut dire – affirme quant à lui Achille Mbembe - que la pensée postcoloniale est, à plusieurs égards, une pensée de la mondialisation même si, au point de départ, elle n'utilise pas ce terme. Et d'abord, elle montre qu'il n'y a guère de disjonction entre l'histoire de la nation et celle de l'empire »[168]. La pensée postcoloniale développe donc essentiellement la volonté consciente et assumée « d'un *ajustement culturel* »[169] à l'ordre du monde piloté par le libéralisme universel. Mais cet ajustement culturel doit se faire dans les marges et les interstices de l'Empire. Ce dernier s'affirme en tant qu'« appareil *décentralisé* et *déterritorialisé* de gouvernement, qui intègre progressivement l'espace du monde à l'intérieur de ses frontières ouvertes et en perpétuelle expansion. L'Empire gère des identités hybrides, des hiérarchies flexibles et des échanges pluriels en modulant ses réseaux de commandement »[170]. Ainsi, c'est au sein de l'Empire que nos peuples peuvent développer à la marge leur différence culturelle. Est par conséquent fustigé toute volonté de créer des nations ayant en leur fondement

---

[167]. André Fotso, Roger Tsafack Nanfosso (sld), *100 propositions pour l'émergence du Cameroun. Une œuvre collective du CREG,* préface d'Emmanuel Nganou Djoumessi, Yaoundé, Groupement Inter-Patronal du Cameroun (GICAM) - CLE, 2014, 56ᵉ et 75ᵉ propositions, pp. 15-16, et sur l'identification de l'entreprise au processus de la « destruction créatrice », p. 19. Pour un éloge de cette perspective, lire Luc Ferry, *L'Innovation destructrice,* Paris, Flammarion, coll. « Champs/Actuel », 2015 ; et pour une vigoureuse critique philosophique, lire Pierre Caye, *Critique de la destruction créatrice. Production et humanisme,* Paris, Les Belles Lettres, coll. « L'Âne d'or », 2015.

[168]. Achille Mbembe, « Qu'est-ce que la pensée postcoloniale ? », *in : Esprit,* décembre 2006, n° 12, p. 121.

[169]. L'expression est de Daniel Etounga Manguelle, *L'Afrique a-t-elle besoin d'un ajustement culturel ?,* Paris, Actes Sud, 1993.

[170]. Michael Hardt et Antonio Negri, *Empire,* Paris, 10/18, 2000, p. 17.

des cultures et des peuples historiques autonomes et majeurs. On s'oppose donc au « vieil imaginaire de la révolution et des luttes de libération »[171]. À la suite des doctrines poststructuralistes, sont donc conceptualisées la détotalisation, la décentration, la fragmentation. Ceux qui théorisent la finalité de l'ajustement culturel estiment néanmoins que sa finalité en dernière instance est de coiffer le champ politique, économique et intellectuel d'une « idéo-logique » ou d'un « schème culturel » unique et majeur[172]. Ce dernier doit être structuré autour de deux objectifs essentiels : d'une part « l'affirmation des individus »[173] et, d'autre part la « problématique de la propriété et des droits individuels »[174]. Aussi le but final des ajustements structurels a-t-il pour résultat de fragiliser socialement aussi bien les populations que les classes moyennes laminées et détruites. Aux voyous de nos sociétés le système mondial de domination confère toutefois la mission messianique de miner de l'intérieur les familles et les sociétés les mieux établies[175]. De sorte que selon Michael M. Hutchison, la médication s'est révélée pire que la maladie (*A cure worse than the disease*)[176].

Exposer les thèses essentielles de la pensée postcoloniale en tant qu'elle est la philosophie et l'idéologie de l'assomption dans localité africaine de la mondialisation capitaliste nous permettra de la mettre en perspective avec la mise en place des ajustements structurels depuis plus de trois décennies. Nous nous donnons ainsi le moyen de les critiquer et – si possible – d'avoir les outils

---

171. Achille Mbembe, « Les écritures africaines de soi », *in : Politique africaine, l. c.*, p. 36.

172. Jean-François Bayart, *L'Etat en Afrique. La politique du ventre, op. cit.*, p. 309.

173. Jean-François Bayart, *L'État en Afrique. La politique du ventre, op. cit.*, pp. 323-324.

174. Achille Mbembe, « L'Afrique entre localisme et cosmopolitisme », *in : Esprit*, octobre 2002, p. 72.

175. Jean-Godefroy Bidima, *Théorie critique et modernité négro-africaine. De l'École de Francfort à la « Docta Spes Africana »*, Paris, Publications de la Sorbonne, pp. 240-241.

176. Michael M. Hutchison, « A cure worse than the disease? Currency crises and output costs of supported stabilization programs », *in:* Michael P. Dooley and Jeffrey A. Frankel (Eds), *Managing Currency Crises in Emerging Markets*, Chicago, Chicago University Press, 2001.

intellectuels pour les dépasser en soulignant que la grande pensée du monde noir indique des voies pour s'insérer de façon active et dynamique dans l'histoire universelle, malgré des ébranlements historiques colossaux vécus par le monde négro-africain.

§ 1. Une approche historico-critique de l'ajustement structurel montre que la théorisation par la pensée postcoloniale de l'impossibilité de l'être-en-commun suppose une mutation culturelle et métaphysique dont la centralité est l'affirmation des individus : sa conséquence est la problématique de la propriété privée et de l'inégalité.

L'ajustement structurel est un plan d'austérité. Il s'agit d'une « purge » appliquée aux pays ayant des problèmes de liquidités. Le cas le plus visible aujourd'hui est l'exemple grec[177]. Les banques, les soi-disant marchés, le capital financier allemand et français ont décidé de s'approprier toutes les richesses de la Grèce en exigeant la privatisation des aéroports, des ports, des chemins de fer, des logements publics, des haras, etc. Le peuple est visé au premier chef à travers la suppression des centaines de milliers de postes de fonctionnaires, l'amputation de leurs traitements et de la durée de leurs congés payés, le bradage de pans entiers de l'économie au profit d'intérêts privés, la remise en cause du droit du travail, l'augmentation des impôts indirects (qui sont les plus inégalitaires), la hausse des tarifs dans les services publics, la réduction du remboursement des soins de santé. Les principes de l'ajustement structurel ont d'abord été testés et appliqués en Amérique latine, surtout au

---

177. S'agissant de la crise de la dette grecque en tant processus de *périphérisation intérieure*, le philosophe français Étienne Balibar parle en termes d'« hypothèse coloniale généralisée » du marché universel qui étend avec des méthodes violentes la domination du capital dans le 'centre' de l'économie-monde, *cf.* « Réflexions sur la crise européenne », *in : Les Temps modernes,* avril-juin 2013, n° 673.

Chili post-Allende avec les *Chicago Boys* de Milton Friedmann que Pinochet a fait venir des universités américaines pour réorienter toute la vie économique, politique et sociale au profit du grand capital. L'ajustement structurel a ensuite été expérimenté de façon brutale, sans aucun frein et sans « filet de sécurité » social, politique et syndical en Afrique. Aussi cette secousse tellurique frappe-t-elle l'Afrique depuis 1979, au moment où les premiers ajustements sont appliqués au Sénégal, au Congo, en Côte-d'Ivoire. Les effets destructeurs et les fruits empoisonnés de cette *thérapie de choc* – véritable tsunami économique, social et culturel - se font encore sentir en Afrique aujourd'hui. Nous avons en effet connu le génocide rwandais, la « guerre mondiale » du Congo, les sommets inégalés de violences sociales de Sierra-Leone et du Libéria, la descente aux enfers de la Côte-d'Ivoire en proie à une instabilité chronique sur fonds de violence délétère ; tout cela nourrit la désespérance, l'absence de perspective et de reconnaissance pour la jeunesse, dès lors proie facile de mouvements djihadistes, par exemple. La Centrafrique a aussi volé en éclats avec le mélange détonant d'appauvrissement, de radicalisation des milieux religieux – notamment l'opposition symétrique entre les pentecôtismes et un islam fanatique qui revient au littéralisme dogmatique. Tout cela est l'expression des fruits empoisonnés des politiques économiques cruelles dont l'application intransigeante a été encouragée par la Banque mondiale, le Fonds monétaire international et l'Union européenne. Les conséquences sociales et sanitaires de ces politiques d'austérité se voient dans la progression des maladies de la pauvreté que sont le sida, l'ebola, la tuberculose[178]. Leur rapide propagation est en effet favorisée par les coupes sombres dans le domaine de la santé, de l'éducation et du travail social.

---

178. David Stuckler et Sanjay Basu, « Les conséquences sanitaires des politiques économiques : quand l'austérité tue », *in : Le Monde diplomatique,* octobre 2014. Lire aussi, M. Chossudovsky, « Les fruits empoisonnés de l'ajustement structurel », *in : Le Monde diplomatique*, novembre 1994.

Comme partout ailleurs en Afrique, la démocratie de façade au Mali – qui a compté à un certain moment plus de 128 partis politiques - en est une des caricatures les plus tragiques, car on y vote, mais sans décider sur quoi que ce soit179, les arbitrages essentiels étant exercés par l'institution globale du commerce et de la créance. En dépit de la bien-pensance locale et internationale, Aminata Dramane Traoré a dénoncé de façon inlassable, à travers livres, articles, conférences, la dérive anti-égalitaire installée par les politiques d'austérité de l'ajustement à la mondialisation ultralibérale[180]. Une grande revue française du catholicisme social a parlé de son livre L'Afrique humiliée comme d'un « livre de trop » ! D'autres mises en garde sont venues de l'esprit lucide qu'est le cinéaste Abderrahmane Sissako. Dans son film Bamako [2006], le Mauritanien attire l'attention sur la dangerosité des programmes d'ajustement structurel dont la réalisation a été confiée à la Banque mondiale et au FMI par l'Union européenne. Nos pays sont sous tutelle du capital - administrés par l'institution globale de la créance et de la marchandise. Achille Mbembe a parlé à ce propos de gouvernement indirect[181]. La démocratie en trompe-l'œil doit donc y cacher - selon les stratèges de la gouvernance consensuelle et pacificatrice du commerce - l'exclusion sociale systématique des plus faibles de nos sociétés. La destructivité de l'ajustement se voit notamment dans le fait que la Méditerranée est devenue avec le désert du Sahara le grand cimetière de Subsahariens en route pour l'émigration.

---

179. Anne-Cécile Robert, « De Conakry à Nairobi, les Africains votent, mais ne décident pas », in : *Le Monde diplomatique*, février 2010.
180. On peut lire d'Aminata Dramane Traoré, *L'Étau. L'Afrique dans un monde sans frontières*, Paris, Actes Sud, 1999 ; *Le Viol de l'imaginaire*, Paris, Fayard, 2002 ; *Lettre au Président des Français à propos de la Côte-d'Ivoire et de l'Afrique en général*, Paris, Fayard, 2005 ; *L'Afrique humiliée*, préface de Cheikh Hamidou Kane, Paris, Fayard, 2008.
181. Achille Mbembe, *De la postcolonie, op. cit.*

Mais le but des politiques d'ajustement structurel reste et vise *in fine* le retour à l'accumulation primitive du capital – et donc à ses formes de violence et de prédation économique comme au XIXe siècle. L'accumulation dépendante dans nos pays s'accompagne par conséquent, d'une part, de la montée – au niveau du commerce, de la politique, de l'administration et des milieux religieux - d'une bourgeoisie riche, unique bénéficiaire de l'inégalité structurelle et asymétrique, et, d'autre part, de la paupérisation du grand nombre apportée par ce modèle économique. Comme cette politique a très bien marché dans nos pays où elle a permis une extorsion inégalée de la survaleur, l'Occident a décidé de l'approfondir en faveur du capitalisme du centre, comme le montre l'opposition des Républicains américains à la politique de santé et de sécurité sociale aux Etats-Unis, le détricotage du système scolaire, universitaire, social et sanitaire en Occident, la privatisation rampante au franc symbolique de tous les « bijoux de famille » de la Grèce, en même temps que sont réduits tous les droits sociaux des retraités, des salariés – poussant vers une émigration contrainte la jeunesse[182]. Là se trouve la force du cinéma du cinéaste mauritanien Sissako qui fait de la destruction de l'Afrique par la Banque mondiale la métaphore d'un discours universel.

Le discours sur notre ajustement à la mondialisation a un double visage. Le premier s'exprime dans les « accords de partenariat » entre l'Europe et l'Afrique. Le discours sur la gouvernance consensuelle et pacificatrice du commerce et de la créance prend aussi des accents idéologiques plus articulés. Dès 1979, dans *L'État au Cameroun*, l'anthropologue politique Jean-François

---

182. Pour un examen philosophique récent de ces questions en Afrique subsaharienne, on lira Nkolo Foe, « Philosophie de l'ajustement, la part de l'idéologie », *in* Adebayo Olukoshi, Jean-Bernard Ouedrago et Ebrima Sall (sld), *Afrique : réaffirmation de notre engagement*, Codesria, Série de dialogue politique, 2010 ; Nkolo Foe, « Questions sur l'ajustement structurel, la bonne gouvernance et les droits de l'homme en Afrique », *in :* Ionna Kuçuradi (sld), *Human Rights. 60 Years after the Universal Declaration*, Maltepe University Centre for Research and Application of Human Rights/Unesco Chair in Philosophy and Human Rights, 2011.

Bayart se fait sans retenue le porte-parole des nouvelles attentes du grand capital à l'endroit des bourgeoisies africaines. Le grand capital international estime – sous forme de reproche – que le problème central des dominants au sud du Sahara est de trouver des dominés, de les contraindre à se sédentariser dans un espace social domestique où pourront s'accentuer la domination et l'exploitation[183]. Une décennie plus tard en 1989, dans *L'Etat en Afrique. La politique du ventre*, Jean-François Bayart estime que c'est en réalisant et en institutionnalisant l'Idée d'« une intensification de l'exploitation économique et de la domination politique »[184] que la bourgeoisie africaine accèdera à son « concept »[185].

Fidèlement suivi plus tard par les détaillants locaux d'idées, Jean-François Bayart observe jouissif les effets de « destructivité humaine » des ajustements structurels. Depuis le début de leur application se voient – dit le politologue français - une paupérisation des masses rurales, une stabilisation du prolétariat urbain, une reconstruction scolaire et sociale des classes dominantes à travers le figement de la stratification sociale propice à l'exploitation[186]. Recourant à la terminologie foucaldienne sur le « souci de soi », Bayart pense que les réformes économiques libérales – qu'il désigne sous le terme très euphémique de « nouvelle problématisation du politique » - induisent aussi des « enjeux majeurs » sous la forme de mutations psychologiques, ontologiques et métaphysiques à travers une redéfinition des formes de réflexivité ayant « trait aux rapports de soi à soi et à autrui »[187]. La nouvelle problématisation du politique implique aussi une autre vision du temps et de l'espace. Il s'agit

---

183. Jean-François Bayart, *L'Etat au Cameroun,* postface de Fabien Eboussi Boulaga, Paris, Presses de la fondation des sciences politiques, 1979, p. 257.
184. Jean-François Bayart, *L'Etat en Afrique. La politique du ventre,* Paris, Fayard, coll. « L'espace du politique », 1989, p. 321. Sur la même question, voir p. 309.
185. Jean-François Bayart, *L'Etat en Afrique. La politique du ventre, op. cit.,* p. 309.
186. Jean-François Bayart, *L'État en Afrique, op. cit.,* p. 97.
187. *Idem,* p. 324.

notamment de briser et de fragmenter la « pluralité d'espaces-temps auxquels tous les acteurs souscrivent de concert »[188]. L'autre but de l'ajustement à l'économie mondiale consiste donc à bloquer un système social et politique à *double fond*, car la totalité existante dans son ordre de signification implique *équivoque* et *double jeu*[189]. Il faut sortir de cette équivocité pour que l'espace politique soit « coiffé par une 'idéo-logique' ou un 'schème culturel' unique ou majeur »[190]. Il affirme avec vigueur que l'espace politique engendrera alors de nouvelles solidarités particulières qui se constitueront autour de nouvelles communautés imaginées. Les expressions artistiques et symboliques de ces dernières se voient déjà dans des dynamiques alimentaire, vestimentaire, musicale, migratoire et cultuelle, tout comme dans la progression de quelques langues[191]. Ces communautés imaginées doivent toutefois avoir pour centre l'intensification de l'exploitation économique productiviste interne à l'Afrique subsaharienne au moyen de la radicalisation d'un ordre plus individualiste. L'objectif est en effet « une redéfinition de la cohésion sociale, voire de l'espace civique »[192]. Inchoative, la systématisation de telles reconstructions identitaires et de telles solidarités particulières ne restera pas de l'ordre de l'impossible si elles se conjuguent aux recompositions économiques et militaires autour de deux ou trois pôles régionaux de puissance[193]. Dans ces vastes « zones de libre-échange » sera brisée l'incomplétude de la domination,

---

[188]. Jean-François Bayart, *L'État en Afrique, op. cit.*, p. 311. On saisit mieux l'éloge et la valorisation d'un monde africain « fragmenté » par Guillaume Bwele, Achille Mbembe, Jean-Godefroy Bidima, Bourahima Ouattara, etc. Le processus de fragmentation est toutefois stratégique : il s'agit de détruire l'ancien ordre honni – ici pour Bayart la conception communautaire de l'existence - pour mettre en place l'ordre nouveau de l'individualisme. Bayart ne veut pas que « l'emprise spatiale de l'État soit incomplète » *(idem*, p. 312). Et ce au moment où on poussait partout au désengagement de l'État dans nombre de domaines : santé, éducation, gestion publique des entreprises, etc.

[189]. *Idem*, p. 310.

[190]. Jean-François Bayart, *L'État en Afrique, op. cit.*, p. 311.

[191]. *Idem*, p. 311.

[192]. *Idem*, p. 311.

[193]. *Idem*, p. 311.

car l'« État intégral » ne doit pas rester un idéal, il doit au contraire sortir de sa « mollesse » et de son inachèvement pour être réalisé concrètement. Dès lors sera accessible la totalité du pouvoir des dominants. Dans *De la postcolonie* Achille Mbembe notera le besoin urgent de reconstruire le rapport entre objectivité et représentation.

Le but de tels processus est de circonscrire la suprématie de la conception communautaire de l'existence. Car une telle mutation culturelle et métaphysique doit cimenter la centralité de l'individualisme par le biais de « l'affirmation des individus »[194]. Cette dernière doit être encouragée là où elle se manifeste. Jusque-là apparemment sans force dans la société africaine, « l'affirmation des individus, fussent-ils des gens sans feu ni lieu, paraît bien être une constante de la vie sociale du continent »195. Elle s'est manifestée de façon marginale dans l'accès à la terre ; elle s'affirme aujourd'hui dans l'accès à l'école. Le politologue français demande donc aux dominants africains d'encourager, par un travail idéologique cohérent et précis, l'exacerbation des pratiques individuelles jusque-là marginalisées par « une civilisation africaine de type holiste ». Ils doivent prendre appui sur ces réalités anthropologiques jusque-là à la marge : ces pratiques individuelles ont en effet existé dans les sociétés traditionnelles africaines, dans l'usage de la terre, l'art de la guerre, la maîtrise de l'invisible. Il faut donc aujourd'hui - en vue de cet objectif - stimuler les opportunités d'affirmation individualiste offertes par l'école, le travail salarié, le commerce, l'agriculture et la politique. Dès lors, les correctifs de l'éducation traditionnelle cesseront de brider la vigueur centrifuge de l'individualisme. Ainsi à la faveur de la crise d'ajustement s'institutionnaliseront les processus d'exclusion, d'exploitation et de domination.

---

[194]. Jean-François Bayart, *L'État en Afrique, op. cit.*, p. 323.
[195]. Jean-François Bayart, *L'État en Afrique, op. cit.*, pp. 323-324.

Mais la culture africaine ayant choisi un régime de faiblesse de ses forces productives, les Africains doivent encore accepter *nolens volens* la tutelle extérieure. Aussi doivent-ils se plier au mixte d'autonomie et de dépendance, d'historicité et d'inégalité qui structure les traités cimentant le « bloc postcolonial » de l'Eurafrique - et son « ordre occidentalo-africain d'inégalité et de domination ». Jean-François Bayart conceptualise cette position asymétrique dans *L'État en Afrique* en définissant en termes gramsciens un « bloc historique postcolonial » à double bind. À l'intérieur, le « bloc historique postcolonial » est constitué par un « bloc hégémonique » engagé vers la « modernisation conservatrice » du pouvoir néocolonial : il cite notamment les chefs et les féodaux traditionnels, les dominants sur les plans politique, économique, administratif, intellectuel et religieux de l'Etat moderne[196]. À l'extérieur, ce « bloc hégémonique » a noué une alliance intime avec le capital occidental autour de structures formelles. Aussi parle-t-on souvent de celle-ci en termes de famille. Cette formalité s'est incarnée dans les Conventions de Yaoundé et de Lomé issues du *Traité de Rome*, et récemment l' « accord de partenariat » stratégique entre l'Europe et l'Afrique, les bases militaires pour réprimer les forces de contestation politique ou de progrès social, la gestion européenne de la monnaie africaine autour des critères de Maastricht et sous l'orbite de l'euro, la francophonie, la lusophonie, le *Commonwealth*. Voici comment Jean-François Bayart justifie les relations asymétrique et inégalitaire entre l'Afrique et l'Europe : « [...] Dans le domaine des relations internationales [...], leur fragilité n'accule pas les pays africains à

---

196. Un aspect de la « révolution africaine » dont parle Nkrumah dans le sous-titre du *Consciencisme* a une dimension sociale : briser la « modernisation conservatrice », sous le néocolonialisme, entre féodaux, milieux religieux réactionnaires et élites politique, administrative et économique compradore. Sur cette question, lire de Kwame Nkrumah, *La Lutte des classes en Afrique,* Paris, Présence africaine, 1970. *Cf.* sur la question de la place de la féodalité pendant les luttes de libération, Amilcar Cabral, *Unité et lutte I, L'Arme de la théorie,* Paris, Maspero, 1975 ; et sur la place de la féodalité au sein de la république, lire Hubert Mono Ndjana, « Notre état civil », *in : Zeén,* n° 2, 1990.

un quelconque alignement diplomatique. L'alliance de certains d'entre eux avec l'Union soviétique ne traduit pas la « satellisation » que fantasme une mythologie entêtée ; elle est d'ordre instrumental, même si elle participe également des champs politiques internes. Les relations préférentielles que d'autres régimes ont instaurées avec le camp occidental ne préjugent pas plus de leur subordination [...]. Sans doute le concept de dépendance garde-t-il sa pertinence, mais à condition de ne pas le dissocier de celui d'autonomie »[197].

Autonomie et dépendance, telle est le cœur des structures institutionnelles de Yaoundé, Lomé, Cotonou. Elles ont pour moule idéologique les traités de Rome et de Maastricht, voire l'agenda de l'Union européenne confiant son arrière-cour aux fourches caudines des institutions de Bretton Woods. Le rôle du « bloc historique postcolonial » est de cimenter un « champ occidentalo-africain » en tant qu'« espace pluricontinental d'inégalité ». Cet « espace pluricontinental d'inégalité » est encadré par le diptyque : inégalité à l'intérieur, tutelle à l'extérieur[198]. Aussi, pour maintenir ce cadre, une exigence impérative est-elle désormais faite aux classes dominantes africaines d'assumer le processus de la « modernisation conservatrice ». D'une part, elles doivent accepter d'entrer consciemment dans le cycle vertueux de l'appropriation (*ownership*) des règles du capital mondialisé : certains entrepreneurs politiques disent d'ailleurs que leur projet politique est celui des bailleurs de fonds. Les classes dominantes doivent cesser, d'autre part, de revendiquer - comme dans les années 70 - la restructuration de l'ordre économique mondial de concert avec les mouvements et les courants idéologiques progressistes et radicaux de l'Afrique actuelle.

---

197. Jean-François Bayart, *L'État en Afrique. La « politique du ventre »*, op. cit., pp. 48-49.
198. Jean-François Bayart, *L'État en Afrique. La « politique du ventre »*, Paris, Fayard, 1989, pp. 244-252.

§ 2. Constatons d'abord qu'au-delà de la diversité des positions philosophiques, il existe aujourd'hui une volonté commune à quelques penseurs subsahariens de quitter ou de déserter le monde moderne.

Face à cette situation, des thèses défaitistes, de démobilisation, de démission sur fond d'afro-pessimisme ont été élaborées dans le système de la philosophie africaine récente. Par timidité et par lâcheté face aux enjeux de l'histoire, certains d'entre nous s'excusent de façon formelle d'être au monde. Nombre de penseurs estiment opportun d'abandonner notre place dans l'histoire (*Give Up Our Place In History*). Nous acceptons aujourd'hui - sans drame intérieur - l'idée hier critiquée par le poète

« Que nous n'avons rien à faire au monde

Que nous parasitons le monde

Qu'il suffit seulement que nous nous mettions au pas du monde »[199].

Le pessimisme historico-culturel et son idée *tragique* de la culture dominent donc aujourd'hui les discours. Il s'agit en réalité d'une figure du racisme, non plus biologique mais culturel. Or, contre toute vision raciste de l'histoire, Aimé Césaire affirmait déjà de façon pertinente que « l'œuvre de l'homme vient seulement de commencer et [qu']il reste à l'homme à conquérir toute interdiction immobilisée aux coins de sa ferveur [et qu']il est place pour tous au rendez-vous de la conquête et nous savons que le soleil tourne autour de notre terre éclairant la parcelle qu'a fixée notre volonté seule et que toute étoile chute de ciel en terre à notre commandement sans limite »[200]. Cette dimension prométhéenne est absente du postcolonialisme. Pour couronner son discours

---

[199]. Aimé Césaire, *Cahier d'un retour au pays natal [1939]*, Paris, Présence africaine, coll. « Poésie », 1983, p. 57.
[200]. Aimé Césaire, *Cahier d'un retour au pays natal, op. cit.*, pp. 57-58.

clérical de faute et de pénitence, le pessimisme historico-culturel réduit par radicalisme hygiéniste tout l'univers culturel africain à l'esthétique de la vulgarité et à la saleté morale dont le remugle est la politique du ventre. Le pessimisme historique et culturel affirme qu'un conflit culturel interne gangrène l'univers symbolique subsaharien sur la longue durée historique. Au lieu de travailler à l'épanouissement de la vie, les figures fondamentales de la culture africaine l'étranglent bien plutôt. Devenus immuables et intemporels, ses contenus s'opposent, par leur monumentalité autoritaire et répressive, au libre flux de la vie qui s'écoule et à la responsabilité interne. De tels contenus en viennent ainsi à bloquer les diverses tensions du psychisme jusqu'à annihilation. Rivé sur le court terme, le pessimisme historico-culturel porte un jugement négatif sur les capacités des Africains. Aussi, comme dans un délire d'obsession, le postcolonialisme affirme de façon récurrente que la « colonisation valait peut-être mieux »[201]. Très nietzschéen, une autre dimension du pessimisme historico-culturel ne veut pas cautionner le discours d'envie et de ressentiment accusant à tort les forces extérieures. Selon le propos de Jean-Godefroy Bidima, il n'est plus question de savoir ce que le colonialisme et le marché nous ont fait et nous font, car le philosophe camerounais est pour « une justice sans ressentiment »[202]. Aussi le pessimisme historico-culturel fait-il fi des processus politiques et historiques, voire des conflits culturels complexes et évolutifs de la société africaine. L'historienne française Catherine Coquery-Vidrovitch a subodoré dans ce pessimisme historico-culturel une idée ancienne héritée d'un passé de supériorité raciale qui a successivement servi à justifier l'esclavage puis la colonisation. Un tel pessimisme participe aujourd'hui – pense Coquery-Vidrovitch - de la volonté

---

[201]. Achille Mbembe, *Afriques indociles. Christianisme, pouvoir et société postcoloniale,* Paris, Karthala, 1988, pp. 105 145 147.
[202]. Jean-Godefroy Bidima, *La Philosophie négro-africaine,* Paris, PUF, coll. "Que sais-je ?", 1995, p. 124.

politique de dénigrer l'Africain comme tel, pour tarir son esprit revendicatif et ses capacités de résistance[203].

Il est temps maintenant d'exposer quelques philosophies où s'exprime cette volonté de ne pas avoir une place dans la modernité.

§ 2 a. La philosophie de la traversée de Jean-Godefroy Bidima

A partir de thèses venant de Franz Rosenzweig, d'Emmanuel Levinas[204], mais aussi de l'Ecole de Francfort, notamment la philosophie d'Adorno et d'Horkheimer, Jean-Godefroy Bidima accepte l'Idée hégélienne d'une exclusion de l'Afrique de l'histoire universelle. La vision unilinéaire qui fonde cette dernière conduirait de façon nécessaire au *principe du rendement* qui rejette l'Afrique hors de l'histoire universelle. Est donc thématisée une amnésie culturelle et historique sous la forme d'« un *transit* vers les « non-lieux de mémoire », car il s'agit d'un « *appel* d'abord, pour dégager au sein d'une mémoire les éléments non encore accomplis et qui sont en souffrance, *transit* ensuite, car tout contenu de la mémoire est exposé à la corrosion du devenir. Contrairement aux logiques de l'identité qui articulent la mémoire africaine en lui trouvant des personnages prestigieux, des lieux et des moments glorieux [...]. Pour l'instant, les historiens africains [sont] occupés à cimenter une histoire africaine monumentale (au sens où l'entend Nietzsche) où l'on met en exergue les grands empires (du Mali, du Ghana), les royaumes du

---

203. Catherine Coquery-Vidrovitch, « De l' « africanisme » vu de France. Le point de vue d'une historienne », *in : Le Débat*, n° 118, janvier-février 2002, p. 40. On lira avec intérêt le dossier de Jean-Loup Amselle (sld), *Afriques du monde*, *in : Temps modernes*, août-septembre 2002, n°s 620-621, pp. 39-544.
204. E. Wolff, « Giving up your place in History: the position of Levinas in Philosophy and Jewish thought», *in: Journal of Semitics*, vol. 16, 1, November 2007.

(Monomotapa), les Grands conquérants (Samory Touré en Guinée, Tchaka chez les Zoulous), les personnages politiques (Nkrumah, Nyerere, Lumumba) et les résistances à la colonisation ou à l'Etat postcolonial »[205]. Assurément « la production du champ du mémorable » doit impliquer « les rendez-vous manqués » ou « les éléments non encore accomplis et en souffrance » de l'expérience africaine. Mais pourquoi en faire un simple cadre ou les admettre seulement comme des « débris d'événements » - selon le mot de Lévi-Strauss - et non comme un contenu de la mémoire ? Jean-Godefroy Bidima ne nous dit pas non plus pourquoi seuls les grands héros et les personnages prestigieux de l'histoire africaine doivent être dévalorisés et dénigrés. Un certain nombre de raisons expliquent ce dénigrement. D'abord, la critique des philosophies de l'identité et de la mémoire culturelle et historique est pour Bidima l'occasion de dire que le « récit de la traversée » ne doit se préoccuper ni de l'origine ni de la destination de l'Afrique[206]. Au nom de l'indicibilité, du débris et du résiduel non totalisables, Bidima refuse toute idée d'unification ou de totalité qui encourage une « pensée du ressentiment », par exemple assimiler « les problèmes existentiels des Noirs vivant aux Amériques aux problèmes de tous les Noirs, dans l'oubli qu'il s'agit d'une « histoire apprise » et non d'« une histoire vécue »[207]. Privilégier « l'excroissance, les flous des contacts, les tangages de parcours et l'ouverture infinie au possible »[208] s'impose aussi parce que Jean-Godefroy Bidima radicalise l'idée selon laquelle le rapport à la mémoire africaine doit éviter tout « contenu définitif » qui encourage la pensée du ressentiment, surtout « l'écueil des jérémiades éternelles sur ce qu'on nous a fait (position confortable qui sert aux élites africaines à utiliser les

---

[205]. Jean-Godefroy Bidima, « De la traversée : raconter des expériences, partager le sens », in : *Rue Descartes,* juin 2002, p. 12-13.
[206]. Jean-Godefroy Bidima, *La Philosophie négro-africaine,* Paris, PUF, coll. « Que sais-je ? », 1995, pp. 6-7, p. 61, p. 124.
[207]. Jean-Godefroy Bidima, « De la traversée … », *l. c.,* pp. 12-13.
[208]. *Idem,* p. 8.

souffrances passées et présentes de l'Afrique pour asseoir leur hégémonie) »[209]. Mais l'humilité discursive de la philosophie de la traversée cesse lorsque le philosophe de la traversée exige - de façon impérative - de ne pas se préoccuper de ce que le marché a fait et donc fait à l'Afrique : « Dans la traversée, l'important n'est pas ce que l'espace africain a été, ni ce que la colonisation, l'État et le marché en ont fait, mais ce qu'il permet quant à l'ouverture du Sujet au possible »[210].

La philosophie de la traversée ne donne toutefois aucun contenu à l'idée d'une ouverture du Sujet au possible. Aussi montre-t-elle une réelle incapacité à penser le but. Elle ne peut occulter sa démission réelle face aux lois d'airain de l'histoire qu'exsude son refus de toute finalité - de toute « la noblesse du but »[211]. Le « possible » de la philosophie de la traversée a cette caractéristique particulière de se méfier de tout « grand dessein »[212]. Cette incapacité est théorisée et élevée en posture intellectuelle, celle d'une « docte espérance » sous la forme d'un oxymore : le « courage sans certitudes compactes ». Ce courage prend la dimension morale d'« un art de 'l'entre-deux' d'une « docte espérance » sans fausses promesses, et une exigence de justice sans ressentiment »[213]. Observons que la « justice sans ressentiment » aboutit à un résultat proche de l'afromondialisme de Mbembe pour qui l'horizon de l'avenir est bouché et l'horizon du passé éloigné[214]. Aussi la philosophie de la traversée ne veut-elle pas prendre en compte la dimension historique des faits sociaux ou humains comme un projet orienté vers l'avenir. Cela se voit dans

---

209. Jean-Godefroy Bidima, *Théorie critique et modernité africaine. De l'Ecole de francfort à la "Docta Spes Africana"*, Paris, Publications de la Sorbonne, Série "Philosophie", 1993, p. 230.

210. *Idem, l. c.*, p. 268.

211. Jean-Godefroy Bidima, *La Philosophie négro-africaine, op. cit.*, p. 73.

212. Jean-Godefroy Bidima, *Théorie critique et modernité négro-africaine. De l'École de Francfort à la « Docta Spes Africana »*, *op. cit.*, p. 285.

213. Jean-Godefroy Bidima, *La Philosophie négro-africaine, op. cit.*, p. 124.

214. Achille Mbembe, *De la postcolonie, op. cit.*, p. 37.

son refus d'une pensée des fondements et des fins – d'une fondation en raison et en vérité du devenir humain. Très deleuzien en effet, Jean-Godefroy estime que « les fondements cachent l'effondrement »[215]. Sans fondation, il s'agit seulement de changer pour s'adapter à un monde qui se modifie sans cesse sans soi. Ce mouvement sans origine ni point d'aboutissement est l'expression de la fuite en avant de la modernité marchande. Critiquant toute monumentalité, toute mémoire, tout prestige culturel de la localité africaine, Jean-Godefroy Bidima ne se satisfait que de flux et refuse tout repos et toute stabilisation qui prendrait la forme de l'héritage, de l'engagement dans le monde en tant que particularisation par l'agir historique. Collé au présent, installé dans le présent éternel, le « récit de la traversée » déserte en fait le temps et le monde. La philosophie de la traversée ne peut qu'inviter l'Afrique à se faire le jouet des événements, à suivre un mouvement sans finalité. Sa demande de notre exclusion volontaire de l'histoire universelle est donc congruente avec sa représentation de l'univers africain : fétide, il ne peut qu'appeler au nettoyage, à la purification et à l'exclusion de l'histoire.

S'auto-exclure de l'histoire implique en dernière analyse qu'il faut tout laisser en l'état. La philosophie de la traversés formule par là spéculativement notre ajustement passif à la mondialisation. La nature ayant horreur du vide, d'autres - en particulier les autorités et les institutions globales et censitaires de l'heure et les églises diverses qui leur viennent en renfort idéologique en tant que supplément d'âme - ont décidé de penser à la place des Africains. On le voit en effet avec l'élaboration de la philosophie partenariale depuis les années 90. Le discours sur le partenariat a tenu à reformuler les conditions des ajustements structurels pour le faire assumer par les élites africaines, qui doivent s'impliquer de façon plus active à travers le procès de

---

215. Jean-Godefroy Bidima, *Théorie critique et modernité négro-africaine, op. cit.*, p. 185.

l'« accumulation du capital »[216]. C'est ce qui explique qu'une telle pensée fasse l'apologétique de l'auto-exclusion africaine de l'histoire universelle : « L'Idée hégélienne n'a pas visité les Nègres ! Malgré elle, elle leur permet de ne pas s'intégrer dans une vision téléologique de l'histoire qui est une vision triomphaliste, nécessitariste et théologique. La 'ruse de la Raison' de cette exclusion des Nègres est que : c'est par le refus de l'intégration des Nègres dans une histoire finaliste que ceux-ci entreprennent de « bricoler » une histoire non nécessitariste et non finaliste »[217]. Bidima indique l'« histoire finaliste » dont il faut se dégager et s'exclure : « Notre exclusion du monde est paradoxalement notre chance, car elle nous délivre de la culpabilité des cultures qui ont pour seule loi le *principe de rendement* »[218]. Ces propos où s'affrontent les catégories de la nécessité et de la liberté – notamment une fin pensée par soi-même - renvoient d'abord à un texte hégélien très connu de philosophie de l'histoire : « Nous laissons là-dessus l'Afrique pour n'en faire plus mention par la suite. Car ce n'est pas une partie du monde historique ; elle ne montre ni mouvement ni développement et ce qui s'y est passé, c'est-à-dire au Nord, relève du monde asiatique et européen [...]. L'Egypte sera examinée au passage de l'esprit humain de l'Est à l'Ouest, mais elle ne relève pas de l'esprit africain ; ce que nous comprenons en somme sous le nom d'Afrique, c'est un monde anhistorique non développé, entièrement prisonnier de l'esprit naturel et dont la place se trouve encore au seuil de l'histoire universelle »[219]. Il s'agit donc explicitement d'une extra-historicité négative. Celle-ci est courante s'agissant du monde africain dans la pensée européenne depuis la fin de la souveraineté égyptienne. Cette vision anhistorique a été aggravée dans les

---

216. *New Partnership for Africa's Development*, article 15, alinéa 64.

217. Jean-Godefroy Bidima, « De la traversée … », *l. c.,* 34-35.

218. Jean-Godefroy Bidima, *Théorie critique et modernité africaine, op. cit.,* p. 11.

219. Hegel, *La Raison dans l'Histoire. Introduction à la Philosophie de l'Histoire*, traduction et présentation de Kostas Papaioannou, Paris, 10/18, coll. « Bibliothèques 10/18 », 2007, p. 269.

écrits européens dès le début des temps modernes avec l'esclavage et le colonialisme. On pense ici à Voltaire, Buffon, Hume, Kant, Hegel, Schelling, de Gobineau, Victor Hugo, de Tocqueville, Tempels, etc. L'idée d'une extra-historicité africaine s'exprime aussi dans les discours publics actuels – comme ceux de Nicolas Sarkozy à Dakar, laissant entendre que l'Afrique n'est « pas assez entrée dans l'histoire »[220].

Avançons en évoquant deux autres positions philosophiques, où s'affrontent les catégories de la nécessité et de la liberté, dont la tension - il faut le garder à l'esprit - ne doit pas être surmontée selon la pensée postcoloniale[221].

§ 2b. L'analytique du *Dasein* ethnologisé de Bouharima Ouattara.

Évoquons tout d'abord la pensée de Bourahima Ouattara. Ouattara s'appuie sur Heidegger, Lévy-Bruhl, Tempels pour proposer la sortie de l'Afrique du système rationnel de maîtrise technoscientifique du monde. Ouattara fait pour sa part le choix d'une manière fluide et non scientifique et technique d'être au monde. Son but est d'aboutir à une sérénité quiète pour être en harmonie avec le monde. Il expose bien sa théorie d'un *décrochage du monde* en 2001 dans *Penser l'Afrique, suivi de L'Afrique « fragmentée »*[222]. Ce spécialiste

---

220. Pour une mise en perspective du *Discours de Dakar,* on lira utilement Adame Ba Konaré (sld), *Petit précis de remise à niveau sur l'histoire africaine à l'usage du président Sarkozy,* préface d'Elikia Mbokolo, postface de Catherine Clément, Paris, La Découverte, coll. « Cahiers libres », 2008 ; Makhily Gassama (sld), *L'Afrique répond à Sarkozy. Contre le discours de Dakar,* Paris, Philippe Rey, 2008. Pour une mise en perspective philosophique, lire Nkolo Foé, « Entre Négritude et Postcolonie : la satire de Dakar ou la revanche idéologique de l'Occident », *in : CODESRIA Bulletin,* n°s1&2. 2008 et Charles Kounkou, « L'ontologie négative de l'Afrique. Remarques sur le discours de Nicolas Sarkozy à Dakar », *in : Cahiers d'études africaines,* 2010/2-3-4, n° 198-199-200.

221. Achille Mbembe, « Politique de la vie … », *op. cit.,* p. XXII.

222. Bourahima Ouattara, *Penser l'Afrique, suivi de l'Afrique "fragmentée",* Paris, L'Harmattan, 2001.

subsaharien de Heidegger et d'Adorno refuse toute idée de système ou de totalité en s'appuyant sur les données de la philosophie classique européenne critiquant la modernité, notamment le refus par Adorno d'une société administrée, le besoin d'Habermas d'un décrochage (*Entkopellung*), le rejet par Lyotard des formes de légitimation de la société moderne. Bourahima Ouattara s'appuie aussi sur la thèse de F.-N. Agblemagnon selon laquelle en Afrique « il y a eu une certaine résistance à l'idée de système »[223]. Le système qu'il rejette est l'ordre d'une modernité unitotale qui fait de l'économie un destin et du concept rationnel une dimension qui détermine les aspects les plus intimes de l'être : « Si l'Afrique noire résiste à l'idée de système, ce sont les tentatives anthropologiques, ethnologiques, voire sociologiques, qui seraient invalidées ou du moins inachevées dans leur saisie conceptuelle de l'Afrique-en-tiers. Dans ces conditions, l'être serait en tiers de toute *épistémè*. Il n'en résulterait qu'une pseudo-connaissance ; mieux un pseudo-savoir, ce qui serait pour le moins une ineptie. La résistance au système qui est l'une des manifestations de l'être-en-tiers est visible tant au plan social, politique qu'au niveau économique ; à ce niveau, ce que l'on appelle « économie informelle » est la traduction pratique de cette résistance […]. L'observateur attentif aux choses africaines saura ici multiplier les exemples où la résistance au système structure presque ontologiquement l'Afrique-en-tiers […]. Il y a chez l'être-en-tiers un décrochage entre la fluidité de sa manière d'être au monde et les logiques qui voudraient l'organiser, fussent-elles endogènes ou exogènes ; un décrochage entre le Monde et le monde vécu par l'être-tiers […]. En soustrayant l'Afrique négro-africaine à ces *ratio*-cinations, en en faisant l'altérité de l'ordre conceptuel, nous ouvrons là un espace philosophique. En lui s'origine l'idée d'un continent en tiers. Etre en tiers. Être en décrochage,

---

223. F.-N. Agblemagnon, « Totalité et système dans les sociétés d'Afrique noire », *in* : *Présence africaine*, n° 41, 1962, p. 15.

c'est apparaître comme la *conscience fragmentée des univocités et des unilatéralités* [...] Il y a dans l'être-en-tiers une sorte de liberté inhérente à toute singularité, à toute particularité : singulière et difficile liberté »[224]. Pour briser le carcan de l'ordre conceptuel et ses *ratiocinations* tout comme des pensées europhilosophiques de l'Un, et donc pouvoir penser une Afrique fluide, libre, « fragmentée » et détotalisée (hors de la voie unique et du sens unique de l'Occident), Bourahima Ouattara avait énoncé un an auparavant le besoin que la philosophie africaine « ouvre une ère nouvelle [...] l'ère de la déstabilisation des totalités et des ensembles conceptuels »[225]. Pour Bourahima Ouattara, une telle orientation correspond en effet à la problématique heideggérienne lorsque le philosophe allemand pense l'Être à l'intersection de la philosophie et de l'ethnologie, car « l'ethnologie présuppose une analytique suffisante du *Dasein* »[226]. Il faut en somme déplacer le *topos* du politique chez Heidegger de la problématique philosophique qui veut dominer et maîtriser la nature, perspective qui veut que « l'Être relevât d'un sujet transcendantal et du moi empirique »[227]. La « fin de la philosophie » (la *postphilosophie*) signifie qu'il faut tourner le dos à une civilisation mondiale qui a mis en route de façon

---

[224]. Bourahima Ouattara, *Penser l'Afrique, op. cit.,* pp. 44-45.

[225]. Bourahima Ouattara, « Figures ethnologiques de la pensée de l'être », *op.cit.,* p. 81. Sur la question du *décrochage,* Jean-Loup Amselle vient de publier *L'Occident décroché. Enquête sur les postcolonialismes,* Paris, Stock, coll. « Un ordre d'idées », 2008. Bassidiki Coulibaly y est évoqué (note 1, p. 257), mais pas Bourahima Ouattara.

[226]. Martin Heidegger, *Être et Temps,* Paris, Authentica, 1985, p. 59 (cité en exergue par Bourahima Ouattara, dans « Figures ethnologiques de la pensée de l'être », *l. c.,* p. 79).

[227]. Bourahima Ouattara, « Figures ethnologiques de la pensée de l'être », *l. c.,* p. 79. Bidima critique aussi, dans la lignée de l'École de Francfort - et comme F. Eboussi Boulaga qu'il suit sur ce point et sur d'autres malgré les critiques outrancières qu'il lui a adressées - le « discours de maîtrise » des philosophies africaines qui ne pensent qu'en termes de « rationalité instrumentale » : « Tous les philosophes qui luttent contre les mythes et autres logiques aliénantes n'ont usé implicitement jusque-là que d'un concept de Raison conçu sur le mode instrumental. Le rapport de ces philosophies à la Nature est un rapport de domination. Tous les Africains philosophes [excepté A. Ndaw] considèrent la Nature comme une instance que l'on doit dominer [...] L'effet de la déformation de la Raison dans l'histoire se manifeste en Afrique par le désir de la technique et du pouvoir où, les mythes une fois rejetés, le Nègre pourra enfin, en toute clarté et distinction, utiliser le calcul pour dominer la nature (physique et humaine !) » (J.-G. Bidima, *Théorie critique et modernité africaine, op. cit.,* p. 197).

initiale la philosophie par le développement des sciences et des techniques, en adoptant une vision conceptuelle et rationnelle du monde. La perspective de la fin de la philosophie – sa crise - traduit le début des revendications identitaires, car en *postphilosophie* souffle l'ère du pays natal, « le temps de l'Être se déroulant dans un espace ethnique. L'Histoire de l'Être ressortit à la *Vokskunde* autant qu'à la spéculation ontologique »[228].

En d'autres termes, la philosophie de Heidegger ouvre un espace pour penser une voie africaine hors du règne de la technique. Cette voie aura pour fondement une pensée « naturellement mythique et mystique ». Bourahima Ouattara ne partage « aucune des susceptibilités moins philosophiques qu'idiosyncrasiques des tenants de l'europhilosophie face à l'ethnophilosophie »[229]. La philosophie africaine doit donc tourner le dos à l'occidentalisme et à l'europhilosophie des penseurs africains. Elle doit au contraire en finir avec l'ère du concept pour faire sienne le fait que « l'indétermination de l'Être signifie son refus de toute conceptualité », parce que « l'Etre est une invalidation des principes du « concevoir » en tant que sens obvie du concept. Il est précritique (Adorno), anté-conceptuel et antéprédicatif […]. Le moment d'indistinction entre sujet et objet, conscience constituante et nature qui, dit-on, serait une faiblesse inhérente à l'ethnophilosophie apparaît comme la cheville ouvrière de l'ontologie heideggérienne »[230]. En un mot, les Africains doivent s'éloigner de la philosophie conceptuelle, en répudiant la « compréhension linéaire et progressiste du temps » tout comme la maîtrise du monde. Les Africains ont donc pour exemple l'ontologie de Heidegger lui-même, cette autorité philosophique autorisant leur projet de décentrement bucolique et mystique :

---

228. *Idem,* p. 80.
229. *Idem,* p. 81.
230. *Idem,* p. 82.

« À l'intersection de la philosophie et de l'ethnologie, il s'agit certes de désarticuler le temps chronologique, mais aussi et surtout de décentrer l'espace en y faisant se répéter son antique harmonie. Harmonie qui postule que l'espace est le lieu d'un séjour, une habitation appelant une visitation des dieux et des mortels. Harmonie interdisant toute excavation à des fins instrumentales et utilitaires. Harmonie exigeant piété et prière. Laisser-être ontologique et mythologique des quatre éléments (dieux/ciel/terre/mortels) [...] Cette opération de décentrement renchérit et approfondit nos convictions quant aux motifs ethnologiques de la pensée post-philosophique »[231]. Il reste que le désir de Bourahima Ouattara est de retrouver « les figures ethnologiques de la pensée de l'être » qui recoupent les considérations heideggériennes sur le temps, le mythe, l'aconceptualité, le bucolisme et la technophobie. Son but est aussi de valoriser « cette altérité de la pensée conceptuelle » qu'est la pensée primitive, pour donner un nouveau lustre à une ethnophilosophie rejetée par la conscience africaine acquise à la modernité technoscientifique et philosophique et l'égalité parmi les hommes[232]. La référence à Heidegger montre toutefois que cette critique de l'europhilosophie manque de cohérence. On ne peut critiquer cette dernière, tout en donnant comme modèle de philosopher aux Africains l'ontologie heideggérienne. Bourahima Ouattara partage une telle incohérence philosophique avec Vincent Mudimbe qui souhaite une gnose africaine, avec pour fondement méthodologique la philosophie foucaldienne. Il y aussi les ethnophilosophes comme Tempels, Kagame, Hebga, Alassane Ndaw, Assane Sylla, etc. qui parlent de l'Afrique séculaire, mais l'enferme dans des mythes sémitiques, notamment l'absolu chrétien et musulman d'une foi monothéiste originelle. Il y a aussi Bassidiki

---

231. *Idem,* p. 85.
232. Dans ses textes canoniques, Tempels est pour l'inégalité parmi les hommes.

Coulibaly qui refuse l'homme prométhéen occidental, mais demande aux Africains de se tourner vers le *Tao* de la Chine.

§ 2 c. L'afrotaoïsme de Bassidiki Coulibaly.

L'idée phobique d'une maîtrise technoscientifique du monde hante en général la théorie postcoloniale. Elle se retrouve aussi dans la pensée de Bassidiki Coulibaly. Après un travail universitaire sur « la totalité et la totalisation » chez Sartre[233], Coulibaly a tenu à réaliser le vœu des postmodernes africains de « sortir du face-à-face avec l'Occident et de s'ouvrir à d'autres civilisations »[234]. Ce désir est un avatar du besoin ressenti par la diaspora indienne de « provincialiser l'Europe » (*provincializing Europe*)[235]. Aussi voit-on s'affirmer chez Coulibaly - comme nous venons de le voir chez Jean-Godefroy Bidima et Bourahima Ouattara - la critique de l'ambition de l'apollinisme qui caractériserait l'occidentalité et sa reprise africaine. Pour s'ouvrir à la pensée chinoise traditionnelle, le premier geste de Bassidiki

---

[233]. Bassidiki Coulibaly, *Totalité et totalisation chez Jean-Paul Sartre*, Thèse NR, Paris I, 1999.

[234]. Aggée Célestin Lomo-Myazhiom, « Peuples otages », *in Latitudes noires,* « Dossier Panafricanisme », Paris, Homnisphères, 2003-2004, p. 79. Partisan exalté du *gai savoir* nietzschéen, de la *prudence* à la Balthazar Gracián, partisan de la théorie critique d'Adorno, d'Horkheimer, d'Habermas, etc., Jean-Godefroy Bidima n'en affirme pas moins que « les rapports de la philosophie africaine à l'Occident sont frappés d'un malentendu venu d'une histoire assez chargée. Peut-être, cette philosophie africaine devrait voir du côté de la pensée juive, indienne ou inca afin de s'enrichir » (*in : La Philosophie négro-africaine, op. cit.,* p. 48) ; ou encore : « Quand [les discours philosophiques africains] pensent à l'*Autre*, ils sous-entendent l'Occidental. Ce sont des discours qui fonctionnent dans une dialectique de rejet, de reconnaissance, d'assimilation et d'imitation de l'autre qui n'est autre que l'Occidental. L'habitude coloniale a rivé ces philosophies à ne regarder que l'Occident. A notre connaissance, aucune pensée philosophique africaine n'a exploré les philosophies asiatiques ou d'Amérique du Sud ou même juive » (« De la traversée … », *op. cit.,* p. 11).

[235]. Dipesh Chakrabarty, *Provincializing Europe. Postcolonial Thought and Historical Différence*, Princeton/Oxford, 2000.Sur la reprise en Afrique de cette problématique critique sur l'échec de la modernité et de l'idée du progrès, lire Mamadou Diouf (Éd.), *L'Historiographie indienne en débat. Colonialisme, nationalisme et sociétés postcoloniales*, Paris, Karthala, 1999.

Coulibaly est en effet de s'opposer à « *l'Ananké* (la Nécessité ou la Loi) » au cœur de ce qu'il appelle le procès rationnel de « décivilisation » de « l'Europe prométhéenne » (« l'Occident conquérant »). Aussi Bassidiki Coulibaly rejette-t-il toute raison et toute conceptualisation de type occidental pour le taoïsme chinois. Son rejet de la philosophie rationnelle et conceptuelle de l'Europe culmine dans sa volonté de ne plus jurer « par *l'homme narcissique et prométhéen* (machiavélien, lockéen, hobbesien, cartésien, kantien, hégélien, nietzschéen, etc.) qui a peu à voir avec l'homme taoïste dont le cœur ne continue à battre que si celui de l'autre lui répond à chaque battement. Ce n'est pourtant pas sur *l'homme taoïste* - qui est à la fois *yin* et *yang*, principe actif et principe passif - que les « Noirs », à défaut d'un modèle d'homme qui leur est propre, se sont tournés : ils ont massivement jeté leur dévolu sur l'homme occidental »[236]. Bassidiki Coulibaly propose donc de « lâcher prise » en se fondant sur le taoïsme et les sagesses orientales. Mais il ne nous explique pas pourquoi dans ce cas il est plus douillet pour nous de « dormir dans la natte du voisin »[237].

Le thème d'une sérénité quiète déjà aperçue chez Ouattara se retrouve donc aussi chez Bassidiki Coulibaly. Probablement aussi sous l'influence de H. Arendt dans *Totalitarisme*, Bassidiki Coulibaly voit dans le pan de panafricanisme l'idée d'une totalité grosse de la volonté impérialiste d'une Afrique haineuse et revancharde comme l'ont été le panhellénisme, le panslavisme, le panaméricanisme et le pangermanisme. Le panafricanisme

---

236. Bassidiki Coulibaly, *Du Crime d'être « Noir »*. *Un milliard de « Noirs » dans une prison identitaire,* préface de Louis Sala-Molins, Paris, Éd. Homnisphères, 2006, p. 119, p. 118, p. 123. En 1993, Jean-Godefroy Bidima a critiqué, d'un point de vue nietzschéen, le ressentiment calculé des Africains - ces « ratés de la vie » qui envient la réussite de l'Occident. Aussi J.-G. Bidima voit-il l'histoire africaine analysée sous un angle linéaire comme « le socle épistémologique et les démarches heuristiques [qui] évoluent dans un espace symbolique où le Nègre a la hantise de se venger » (*in : Théorie critique et modernité africaine, op. cit.*, p. 177).
237. Bassidiki Coulibaly, *Du crime d'être « Noir », op. cit.*, p. 157.

exprime un « idéal *d'hégémonie* », écrit-il ; or « toute hégémonie est théoriquement une totalité qui est exclusive et excluante, une totalité relative, c'est-à-dire une partie qui ne peut exister sans appartenir (de fait ou de droit) à un tout, une partie prise dans des nœuds de relations avec d'autres totalités. Théoriquement, le panafricanisme est [...] un totalitarisme programmé »[238].

On ne sait pas à qui Bassidiki Coulibaly adresse ces critiques. Nous pouvons néanmoins faire trois observations rapides. D'abord, cette critique de la totalité - qui en s'incarnant dans la politique aboutirait nécessairement au totalitarisme - est en gros l'éloge d'une finitude synonyme d'impuissance et de passivité. C'est une façon de légitimer spéculativement l'ordre établi. Les efforts de la conscience africaine - notamment se libérer de la domination extérieure et maîtriser la nature - sont retournés de façon polémique contre elle sous la forme d'un sophisme *ad personam* : si l'Afrique veut être une entité autonome, il faut l'en empêcher parce qu'elle veut l'hégémonie et la vengeance historiques. Le rejet de l'homme prométhéen et le « lâcher prise » se conjoignent très bien avec la solution de Bidima qui veut une « justice sans ressentiment ». En effet, en cherchant la maîtrise de la nature, les partisans de l'unité africaine sont motivés par le ressentiment à l'endroit de l'Occident et obéissent à la volonté de se venger. Que ce soit du point de vue des machiavéliens - Michels, Pareto, Tucker – que du point de vue de Nietzsche, de Calliclès – notamment l'opposition de la loi et de la nature, cela signifie en dernière analyse qu'il vaut mieux que les hiérarchies actuelles soient maintenues puisque que les nouvelles oligarchies mettront en place des processus de domination qui ne feront que remplacer les plus anciennes. Donc, il ne faut pas agir, car agir en vue de créer une nouvelle totalité humaine et

---

238. Bassidiki Coulibaly, *Du crime d'être « Noir »*, op. cit., pp. 153-154. Jean-Godefroy Bidima veut aussi « éviter le fondamentalisme du « génie noir » – voyez ce que l'histoire des génies raciaux et nationaux a donné à l'humanité » (*La Philosophie négro-africaine*, op. cit., p. 80).

sociale n'est en définitive qu'un totalitarisme programmé. Toute vision totale aboutit donc au désordre, à la révolution, à la déchirure violente.

Ensuite, faire du panafricanisme – qui reste encore une idée régulatrice, un idéal - un totalitarisme et un fascisme dans le futur, c'est reprendre de façon servile les thèses de Philippe Decraene dans son livre *Le Panafricanisme*[239]. Le but des propos de Bassidiki Coulibaly est de créer une terreur intellectuelle pour sidérer préventivement toute action collective organisée. Car avant même que l'Afrique n'ait conquis sa liberté et ne soit unifiée dans un cadre fédéral panafricain, on observe qu'à l'extérieur et au sein de la conscience africaine, des porte-parole des dominateurs crient au loup, et, dans un nietzschéisme de bon aloi, parlent de revanche, de vengeance, de ressentiment, de totalitarisme, d'hégémonie et d'impérialisme exclusivistes. Oui, en effet, les Africains veulent prendre leur revanche, mais contre la domination et l'exploitation, contre la peur de la maladie et de la faim, contre la misère subjective et objective en tant que faille et entaille entre leur être actuel et leur vouloir-être au-delà de toute désorientation et de toute crise schizophrénique des valeurs ; ils veulent prendre leur revanche contre l'impuissance, l'ignorance, les superstitions, l'analphabétisme, le fanatisme, etc. Oui, assurément, les Africains veulent prendre la revanche contre les forces colonialistes et impérialistes qui les avilissent. Telle est la thèse de Cugoano, d'Equiano, de Douglass, de Garvey, de Du Bois, de Césaire, de Fanon, de Nkrumah, Mondlane, Machel, de Diop, de Towa, d'Angela Lewis, d'Aminata Dramane Traoré, etc.

Enfin, avec la thèse selon laquelle il faut revenir sur les illusions du rationalisme européen moderne, Bassidiki Coulibaly partage avec le philosophe allemand Peter Sloterdijk une thèse démobilisatrice et de

---

[239]. Philippe Decraene, *Le Panafricanisme*, Paris, PUF, coll. « Que sais-je ? », 1969.

démission. Elle nous demande de nous démettre des activismes destructeurs pour nous retirer dans le « non agir », « le laisser aller des choses », le « faire et laisser », « le laisser-être »[240]. 'Lâcher prise' et s'abandonner sont l'occasion de ne s'attacher à rien, de ne s'engager à rien – ou alors de façon éphémère et en passant. Parce qu'il faut être « cool »[241], sont donc encouragées « la nostalgie d'apesanteur », la « tranquille fascination pour le vide » et la « bienheureuse neutralité ». Cette demande intervient au moment où l'ordre marchand ne lâche prise sur rien, tout en vantant l'innovation créatrice.

§ 3. Le contexte d'un ajustement passif et brutal à la mondialisation capitaliste qui accentue et approfondit la marginalisation actuelle de l'Afrique explique le développement de telles thèses.

Le sentiment d'une exclusion de l'histoire universelle intervient dans cette période de crise des ajustements structurels à l'ordre de la mondialisation capitaliste à cause de l'alternative mortifère qu'elle impose : S'ajuster ou périr – *Adjust or Perish*. Elle entre en consonance avec d'autres formules : *Die, We Will Do The Rest* ou « Celui qui meurt plus tôt, fait faire l'économie des cotisations pour sa retraite »242. Cette alternative hégémonique non négociable s'affirme en somme comme un *fatum* qu'on n'a pas à choisir. La seule exigence acceptée est de donner son consentement aux nécessités mercatique et chrématistique. Là gît l'impasse intellectuelle des philosophies postcoloniales : elles voient s'affirmer la nécessité dans l'histoire, mais au nom de la fin des certitudes compactes et de tout contenu définitif,

---

[240]. Peter Sloterdijk, *Critique de la raison cynique* [1983], traduit de l'allemand par Hans Hildenbrand, Paris, Christian Bourgois Editeur, 2000 [première édition 1987], p. 662.

[241]. Gérard Raulet, *La Philosophie allemande depuis 1945,* Paris, Armand Colin, 2006, p. 309.

[242]. Cette dernière phrase est de Peter Sloterdijk, *op. cit.,* p. 661.

mais en refusent l'intelligibilité - notamment le besoin de surmonter la tension entre le déterminisme et l'autonomie, la liberté et la nécessité. Or, pour la tradition philosophique qui remonte aux Stoïciens, à Spinoza, à Leibniz, au premier Schelling, à Hegel, à Marx et à Engels, Lénine, Mao, Nkrumah, Cabral, Machel, Towa, etc., la nécessité peut être comprise, maîtrisée et assumée consciemment par la connaissance des lois de la nature, de l'existence psychique de l'homme et de l'histoire : « La liberté comprise comme le contraire abstrait de la nécessité – affirme Hegel dans la *Petite Logique* - n'est que concept de l'entendement ; le véritable concept de la liberté, celui de la raison, contient la nécessité en tant que dépassée »[243]. Or, depuis plus de trois décennies, nos pays voient s'affronter dans la tragédie le royaume de la nécessité et le royaume de la liberté. Nous faisons face au royaume de la nécessité : nos pays sont mis sous tutelle au profit du grand capital international que contrôlent les banques et les institutions de la gouvernance économique du commerce et de la créance. Cela a signifié l'extension inégalée de domaines de souveraineté limitée ou nulle sur l'économie, le social, la gestion de l'argent, les ressources du sol et du sous-sol. Face à cette situation qui demande à être comprise pour penser le royaume de la liberté, la pensée postcoloniale a opposé la faiblesse du concept et du logos, mais aussi l'opacité des lois de l'histoire et du psychisme. Pour éviter que le débat public se concentre sur la question sociale après des décennies de plan d'ajustement – de plus en plus appelé *plan de convergence ou d'émergence* -, tout le débat public se concentre donc de façon formelle sur des *questions de société* ou sociétales : les accidents de la route, la commission électorale indépendante, l'orientation sexuelle comme construction sociale, culturelle et historique, le code électoral, l'alternance sans alternatives - qui voit les mêmes se succéder au pouvoir en

---

243. Hegel, *Petite Logique*, VI, 348, cité par Henri Lefebvre, *Logique formelle, logique dialectique*, Paris, Éditions Anthropos, 1969, p. 256.

annonçant tranquillement *urbi et orbi* que leur projet politique est celui des bailleurs de fonds, c'est-à-dire du Fonds monétaire international et de la Banque mondiale. Personne ne se préoccupe donc du *world management* qui encourage l'optimisation et l'évasion fiscales. Celles-là même qui sont responsables du siphonnage des maigres avoirs fiscaux des pays en développement et de la crise budgétaire - incapables par conséquent de construire routes, ports, voies ferrées, hôpitaux, universités.

À l'intelligibilité systématique ou conceptualisée comme fondement d'une pensée régulatrice de la totalité historique est opposée l'ajustement au flux d'un monde sans signification. Passer par perte et profit la question de la compréhension du monde et de l'être s'oppose *in fine* à toute conduite rationnelle et conceptuelle. On nous dit seulement que le pur « qu'il est » se montre ; mais « d'où » et « vers où » restent dans l'obscurité[244]. Le geste de la pensée postcoloniale consiste à laisser dans l'obscurité, l'inintelligibilité et l'opacité aussi bien la provenance que l'arrivée, le but final. Elle refuse ainsi toute conduite rationnelle pouvant donner au sujet historique une transparence du but – le « vers où ? ». Elle refuse qu'au moyen d'une téléologie fondée sur le savoir et le travail de la raison, le sujet politique puisse échapper à la nécessité, en s'efforçant de maîtriser le déterminisme. Dans la perspective postcoloniale, le sujet historique ne peut se dépasser ou aspirer à quelque transcendance que ce soit. Comme le sujet ne peut rien face au *fatum*, notamment le comprendre pour s'engager dans la transformation de l'ordre du monde, une philosophie de la démission et de la démobilisation est née. Pour elle en effet, le monde tel qu'il va n'a pas à être transformé, car il n'y a rien à mettre à sa place. S'affirment donc des idées de mort, de dégénérescence. La *political decay* se donne alors sous la figure de la simple débrouille criminelle

---

244. Martin Heidegger, *Être et Temps*, traduit de l'allemand par François Vezin, Paris, NRF/Gallimard, coll. « Bibliothèque de philosophie », 1986, p. 179.

de voyous dans les interstices et les marges du marché mondial. La pensée postcoloniale conceptualise en un mot la marginalisation historique et culturelle. Aussi cette pensée philosophique critique-t-elle en Afrique l'idée du progrès et son corollaire l'idée du développement et récuse tout prométhéisme. Elle accepte d'être dans les marges de l'évolution du monde, parce que celle-ci serait issue d'une classification unilinéaire et d'un schéma ascensionnel et fatal qui ne connaît comme terme que le *principe du rendement.*

§ 4. Cela a abouti à une pensée philosophique qui valorise le chaos, le vide, l'absence de but, le cynisme, le nihilisme, le pessimisme culturel et historique.

Ces philosophies se méfient, avons-nous vu, de tout but et de toute destination, tout comme elles se caractérisent par une certaine amnésie historique et culturelle. Elles rejettent tout le travail historiographique africain sur le passé. Elles veulent remplacer une vision linéaire par une vision aléatoire. Le passé du soi est dénoncé - à la suite de Nietzsche - comme une « histoire monumentale » caractérisée par l'apologie ou la glorification des « Grands Hommes » et des Grands conquérants (Samory Touré en Guinée, Tchaka chez les Zoulous), des « Grands empires » du Mali, du Ghana, les Royaumes du Monomotapa, les grands hommes et les grands personnages politiques (Nkrumah, Nyerere, Lumumba et les résistances à la colonisation et à l'État postcolonial[245] - notamment les traditions identitaires issues des luttes de libération, des résistances nationales modernes et surtout la conception du progrès. Ces philosophies ne voient dans le passé que des mésusages, de la

---

245. Jean-Godefroy Bidima, « De la traversée : raconter des expériences, partager le sens », in *Rue Descartes,* n° 36, Paris, PUF, Collège international de philosophie, 2002, p. 13.

saleté morale, une esthétique de la vulgarité[246]. Le recours au passé est perçu comme ce qui peut masquer les écueils présents, faire considérer « les maux présents comme des accidents de parcours qui n'entament en rien la majesté de ce 'continent berceau de l'humanité' ». Sont donc objet de sarcasmes tous les « lieux de mémoire », toutes les institutions, notamment l'État-nation, les langues africaines, le système scolaire, l'enseignement universitaire - surtout l'institution philosophique et ses enseignants désargentés, peu respectés, peu valorisés voire moqués[247], les structures religieuses, le monde intellectuel et professionnel de la localité africaine. Ils n'auraient pas assuré leur rôle d'ouverture à l'universel par tendance autoritaire, phallocrate et par rationalisme desséché. Ils seraient donc *de facto* désuets, inutiles, superfétatoires et voués à l'obsolescence - entés qu'ils sont par le principe d'autorité des technocraties africaines.

La charge ironique et moqueuse contre l'ordre institutionnel et notamment la « communauté éducative » renvoie à l'ordre économico-politique en cours depuis trois décennies. Depuis le début des années 80 du vingtième siècle, notre ajustement à la mondialisation capitaliste a eu comme caractéristique première et essentielle de s'en prendre à l'ordre institutionnel de l'école et de la santé, du travail, du travail social, de l'Université : il a fragilisé le statut des enseignants, des médecins, des infirmiers, des travailleurs sociaux, au profit d'une petite délinquance (*feymania*), elle-même au service de l'accumulation dépendante des oligarchies économico-financières *pro-business* qui règnent dans notre localité. Les *feymen* et autres *gentlemen-arnaqueurs* ne sont en réalité que des « chasseurs de marchés auprès des gestionnaires des crédits

---

246. Comment l'idée d'un nettoyage au Kärcher n'émergerait-elle pas dans l'esprit de quelque démagogue ? Une forme de purification a cours aux Etats-Unis avec la mise en place d'une sorte de « New Jim Crow », *cf.* Michelle Alexander, *The New Jim Crow. Mass Incarceration in the Age of Colorblindness,* New York, The New Press, 2012.
247. Sur tout cela, lire Jean-Godefroy Bidima, « La philosophie en Afrique », *loc. cit.*, p. 266.

publics [...] au point de toucher deux, trois, quatre fois le coût réel du marché [au gré de] surfacturations fantaisistes, [de] marchés fictifs »[248]. L'ajustement structurel approfondit en effet la corruption en tant qu'élément constitutif organique qui encourage la criminalité, le brigandage. Aussi a-t-il accentué le modèle mafieux et prédateur comme procès d'accumulation dans les pays du Sud. À ce modèle d'accumulation s'est ajouté le prélèvement de la rente avec la complicité active de l'Etat néocolonial.

Pour les philosophies postcoloniales, il n'est pas question de connaître le passé africain ou de penser la fin future de l'Afrique, parce que seul vaut ce qui a cours – à savoir notre état de faiblesse. Aussi contestent-elles les catégories de « la modernité africaine » : les notions de liberté et de développement dans le *consciencisme philosophique*, l'idée de progrès, l'idée de la nation, mais aussi les notions de démocratisation intégrale des sociétés – au-delà des règles formelles de la démocratie représentative. Il leur oppose le mouvement et la traversée perpétuels, dont la dimension pratique est une fluidité de l'être au monde qui vante l'informel fondé sur l'exploitation et la domination des plus faibles. Les visions critiquées par la pensée postcoloniale obéiraient à plusieurs *a priori* dont il faut s'éloigner à tout prix : une conception de l'histoire linéaire, une idéologie du progrès continu par accumulation sur lequel le sujet historique n'a aucune prise, la réification.

§ 5. Une telle perspective a-t-elle une quelconque viabilité ?

Observons rapidement ceci cependant. Ces formes de pensées ne sont pas spécifiquement africaines. Elles apparaissent dans l'histoire lorsque la

---

[248]. Marcien Towa, « Ploutocratie et danger d'implosion », *in* : « Le Défi de la question unitaire », *Les Cahiers de Mutations*, n° 5, septembre 2002, cité par Jacques Fédry, *Lectures choisies sur le devenir de l'Afrique dans le monde*, Yaoundé, Presses de l'UCAC, 2004, p. 110.

conscience historique vit douloureusement sa marginalisation historique, voire développe une vision phobique de la maîtrise technoscientifique du monde. Il n'est pas surprenant que ceux qui les soutiennent se donnent comme les héritiers du *Tao*, de Rosenzweig, de Heidegger, de Lévinas, etc. Contre la philosophie de la totalité hégélienne, Franz Rosenzweig et Emmanuel Levinas ont eux aussi défendu d'une certaine façon l'idée de ne pas prendre sa place, d'assumer son acosmie, son extra-historicité[249]. Soulignons d'abord que le « lâcher prise » s'inscrit dans un héritage philosophique et religieux qui remonte au délaissement (*Gelassenheit*) de Maître Eckhart qui est aux limites du quiétisme et de la démission. La notion de sérénité chez Martin Heidegger renoue avec la tradition de Maître Eckhart. Le philosophe allemand refuse de faire de l'être quelque chose qu'on doit maîtriser[250]. Ces figures du penser peuvent être retrouvées dans la *belle âme* de Novalis ou dans l'ironie à l'endroit de toute valeur poursuivie par les hommes de Schlegel. Cette vision romantique a été critiquée par Hegel, car pour la *belle âme*, toute action est souillure. Se réaliser, c'est s'objectiver, et donc se réifier. Mieux vaut dès lors l'inaction. Il n'y a là nulle contradiction. Dans *Phénoménologie de l'esprit* en effet, le refus de tout contact avec la finitude apparaît déjà à Hegel dans sa critique du romantisme d'un Novalis comme le refus de l'action. La *belle âme* fuit le monde objectif de la détermination, de la différenciation, de la distinction, de la particularisation – de la finitude en somme - pour se réfugier dans une vision sceptique du monde, mais surtout dans le refus du choix qui

---

[249]. Cette question de l'extrahistoricité et de l'acosmie mériterait des développements plus affinés, mais on peut utilement lire Gérard Bensussan, *Qu'est-ce que la philosophie juive ?*, Paris, Desclée de Brouwer, coll. « Midrach », 2003, p. 185 *sq.* ; Gérard Bensussan, *Le Temps messianique : temps historique et temps vécu*, Paris, Vrin, « Problèmes et controverses », 2001, p. 131 *sq.* ; Gérard Bensussan, « Hannah Arendt, Franz Rosenzweig et le judaïsme. Acosmie et extra-historicité », *in : Les Temps modernes*, 1998, n° 601. *Cf.* aussi E. Wolff, « Giving up your place in History: the position of Levinas and Jewish Thought", *in: Journal of Semitics*, vol. 16, 1, November 2007.

[250]. Robert Scholtus, *Faut-il lâcher prise ? Splendeurs et misères de l'abandon spirituel*, Paris, Bayard, coll. « Christus », 2008, p. 62.

est en définitive refus de l'agir comme l'indique Descartes critiquant avec sa morale par provision toute liberté d'indifférence. Hegel est aussi contre la philosophie du *desideratum*, du pur souhaitable, de l'aspiration indéfinie et vague, du perpétuel au-delà caractéristique de la conscience du vide : « Il lui manque la force pour s'aliéner, la force de se faire soi-même une chose et de supporter l'être. La conscience vit dans l'angoisse de souiller la splendeur de son intériorité par l'action et l'être-là, et, pour préserver la pureté du cœur, elle fuit le contact de l'effectivité et persiste dans l'impuissance entêtée, impuissance à renoncer à son Soi affiné jusqu'au suprême degré d'abstraction, à se donner la substantialité, à transformer sa pensée en être et à se confier à la différence absolue. L'objet creux qu'elle crée pour soi-même la remplit donc maintenant de la conscience du vide. Son aspiration nostalgique qui ne fait que se perdre en devenant sans essence, et au-delà de cette perte retombant vers soi-même se trouve seulement comme perdue ; - dans cette pureté transparente de ses moments, elle devient une malheureuse belle âme, comme on la nomme, sa lumière s'éteint peu à peu en elle-même, et elle s'évanouit comme une vapeur sans forme qui se dissout dans l'air »[251]. La poursuite pure, l'aspiration indéfinie et vague d'un possible et l'évasion dans l'indéterminé signifient en fait la détermination de laisser tout en l'état.

D'une façon plus générale, les nihilismes africains comme tant d'autres à travers le monde sont souvent liés au fait que les nations et les peuples marginalisés ont tendance à assumer le stigmate pour se donner une originalité. Célestin Monga observe - dans *Nihilisme et Négritude* - que les thèses nihilistes et cyniques gagnent des franges – certes marginales – de la société et de la conscience africaines actuelles dans le rapport au corps, au divin, à

---

251. G. W. F. Hegel, *Phénoménologie de l'esprit,* traduction de Jean Hyppolite, Paris, Aubier, coll. « Philosophie de l'esprit », 1947, tome II, p. 189. Sur cette question, lire Jeffrey Reid, *L'Antiromantique. Hegel contre le romantisme ironique*, Laval, PUL, 2007.

l'amour notamment où émergent la femme-objet désirée pour sa beauté et l'homme-objet recherché pour son pouvoir d'achat[252]. Nos positions philosophiques ressemblent à celles des slavophiles, aux débats qui ont accompagné la *Nadha* arabe, aux valeurs asiatiques, etc. S'y fait jour chaque fois le besoin de la recherche d'une voie spécifique dans l'histoire humaine.

§ 6. Au-delà d'une vision tragique de la culture africaine, s'acheminer vers une pensée de la renaissance.

Notre marginalisation est réelle et subie - notamment à cause des puissantes forces de chaos qui travaillent nos sociétés, l'abâtardissent et la déstructurent. Et ces forces du chaos viennent du type de capitalisme qui y fonctionne. Fanon a en effet montré qu'il n'est pas créateur, mais se contente d'être celui de l'intermédiation, de la petite ruse à la semaine, de la jouissance. La caractéristique de la pensée postcoloniale, c'est qu'elle fait de cette situation une donnée consubstantielle du mode et du style de vie africain caractérisé par le stupre. Le point de vue de Fanon était plus subtil parce que lié à l'analyse des faits d'histoire sociale : « La bourgeoisie nationale se découvre la mission historique de servir d'intermédiaire […], va se complaire […] dans le rôle d'agent d'affaires de la bourgeoisie occidentale. Ce rôle lucratif, cette fonction de gagne-petit, cette étroitesse de vues, cette absence d'ambition symbolisent l'incapacité de la bourgeoisie nationale à remplir son rôle historique de bourgeoisie. L'aspect dynamique et pionnier, l'aspect inventeur et découvreur de mondes que l'on trouve dans toute bourgeoisie nationale est ici lamentablement absent. Au sein de la bourgeoisie nationale des pays coloniaux l'esprit jouisseur domine. […] Dans son aspect décadent, la bourgeoisie

---

252. Célestin Monga, *Nihilisme et Négritude. Les Arts de vivre en Afrique,* Paris, PUF, coll. « Perspectives critiques », 2009.

nationale sera considérablement aidée par les bourgeoisies occidentales qui se présentent en touristes amoureux d'exotisme, de chasse, de casinos. La bourgeoisie nationale organise des centres de repos et de délassement, des cures de plaisir à l'intention de la bourgeoisie occidentale [...]. Les casinos de La Havane, de Mexico, les plages de Rio, les petites Brésiliennes, les petites Mexicaines, les métisses de treize ans, Acapulco, Copacabana, sont les stigmates de cette dépravation de la bourgeoisie nationale »[253]. Il reste que le chaos institué dans nos sociétés montre un ordre erratique, hétérogène, bâtard, bigarré, fragmenté, anarchique en un mot – celui du monde désorganisé du capitalisme périphérique, sans centre d'impulsion et d'initiative autonomes. Ce type de capitalisme est incapable – comme le disait Aimé Césaire – de s'approprier librement un objet appelé par un besoin, de permettre que des éléments culturels s'intègrent spontanément dans le monde du sujet. Le manque d'intégration par la dialectique du besoin, c'est l'existence du chaos culturel, de traits culturels juxtaposés et non harmonisés, « le manque de style ou le pêle-mêle chaotique de tous les styles », selon Nietzsche que le penseur martiniquais cite pour signifier la barbarie par l'anarchie culturelle[254]. Ce capitalisme de la périphérie n'est alors que l'envers voire le monde en abîme du capitalisme des métropoles et des centres capitalistes. Ce dernier obéit à un ordre avec sa dynamique interne parce qu'il vit pour piller de lointaines périphéries, pour exploiter la force de travail locale et mondiale et pour ne pas mourir de ses crises internes. On est donc les marges et nous vivons dans les interstices de ce monde. Pour certains, cette marginalisation est désormais perçue comme le signe même d'une élection – de notre élection -, une affirmation de notre présence à l'avant-garde de la lutte contre une *culture de*

---

253. Frantz Fanon, *Les Damnés de la terre*, Paris, François Maspero, coll. « Petite collection Maspero », 1978, pp. 98-99.
254. Aimé Césaire, « Culture et Colonisation », *in Présence africaine,* n° 8-9-10 – juin – novembre 1956, pp. 200-201.

mort et contre une *modernité aliénante*. Contre le principe du rendement, cette élection a récemment pris des accents kénotiques d'exinanition chez le théologien franciscain Jean-Marc Ela. Pour ce dernier, l'Africain est d'autant plus l'élu de Dieu qu'il souffre, qu'il est abaissé255. Notre souffrance, notre abaissement sont le signe même de notre rachat. Il y a ici un ersatz de l'ancienne théologie sacrificielle qui faisait fond sur une interprétation compensatrice du mal issu du péché originel : souffrir rédime. Aussi, pour Ela, si le continent noir semble en marge, c'est pour mieux affirmer sa présence au cœur de cette fin de siècle. L'Afrique apparaît ainsi comme le continent de l'avenir ; elle est le « miroir du monde » parce qu'elle souffre. La Russie refusa la civilisation industrielle sur la même base élective voulue au XIXe par les slavophiles. Entre l'essence lumineuse et la réalité sordide, Gogol vit dans l'échec même de la Russie le signe de son élection. Un tel besoin spirituel de souffrance, Dostoïevski en fit le destin de la nation russe, de l'homme russe. On retrouve encore cette tradition mystique chez Soloviev, Rosanov, Berdiaev, etc. Soljénitsine en reste un bon exemple. Bielinski s'opposa à cette vision du monde : il ouvrit la voie à la Russie moderne[256]. Ce dont nous avons besoin nous aussi, ce n'est pas d'une essence africaine, mais d'éducation, de démocratie, de justice et de dignité sur la scène du monde. Seront alors renforcés le dynamisme et les capacités d'innovation des femmes africaines, mais aussi de nos entrepreneurs et de nos commerçants - sans autre vision que la destruction créatrice conceptualisée pour eux par les centres capitalistes dont ils sont les relais locaux.

A l'opposé de ces façons de penser, il nous faut retrouver l'esprit et l'idée de renaissance développés par Ernst Cassirer en pleine guerre [1942] dans sa

---

255. Jean-Marc Ela, « Les voies de la renaissance », *in* : *Le Monde Diplomatique*, octobre 1998.
256. Marcien Towa, *Essai sur la problématique philosophique dans l'Afrique actuelle*, Yaoundé, Clé, coll. « Point de vue », 1971, p. 43.

critique de la *tragédie de la culture* de Georg Simmel et de l'idée du déclin d'Oswald Spengler. Pour Cassirer, une renaissance n'est possible qu'en faisant un retour, sans usage répressif, au legs. Et c'est l'école qui - loin de toute métaphore biologique et loin de tout mysticisme - permettra de s'ouvrir, de façon critique, à toute la culture passée et actuelle. Aussi, pour nous retrouver plus neuf et plus profond, pour avoir un échange fructueux avec l'Occident, nos systèmes éducatifs doivent avoir pour tâche de créer - non une *voie africaine* ou une *essence africaine* où inscrire une *âme africaine* - un cadre réceptif à l'universalité des principes que l'Occident s'applique à lui-même, c'est-à-dire la capacité « de pénétrer jusqu'[à son] véritable centre, jusqu'à [sa] forme caractéristique »[257]. C'est la thèse qu'a défendue avec force Marcien Towa lorsqu'il a réfléchi sur les conditions de possibilité de notre renaissance : « [...] Nous avons à nous affirmer dans le monde actuel [...] nous avons à nous redresser de toute notre stature d'hommes [...] nous avons à nous affairer à notre propre service [...] nous devons rentrer dans la disposition de nous-mêmes. Et naturellement la décision de nous assumer, de nous affirmer, d'être fiers [...] est en même temps décision d'assumer notre passé, de le valoriser et d'en être fiers [...]. Révolutionner la condition présente du soi signifie donc en même temps révolutionner l'essence en soi, ce que le soi a en propre, ce qu'il a d'original et d'unique, entrer dans un rapport négatif avec le soi. S'affirmer, se revaloriser, retrouver la fierté, qu'est-ce sinon entrer en conflit avec les forces qui nous écrasent ? Et comment imaginer que nous sortions victorieux d'un tel affrontement avant d'avoir assimilé le secret en vertu duquel nous sommes encore dominés en dépit de notre souveraineté formelle ? Autrement dit, pour s'affirmer, pour s'assumer, le soi doit se nier, nier son essence et donc aussi

---

257. Heinz Wissmann, « Qui perd gagne, ou les paradoxes du pessimisme culturel », *in* : Thomas Ferenczi (sld), *Quelles valeurs pour demain ?*, *9ᵉ Forum Le Monde-Le Mans*, Paris, Seuil, 1998, p. 212.

son passé. En rompant avec son essence et son passé, le soi doit viser expressément à devenir comme l'autre, semblable à l'autre, et par là incolonisable par l'autre. C'est la nécessaire médiation conduisant à une réelle affirmation de nous-mêmes dans le monde actuel »[258].

§ 7. Peut-on se situer en marge de l'histoire, et selon quelles modalités ?

Au XIXe siècle, le Libérien Edward Wilmot Blyden a refusé la perspective qui consisterait à ne pas chercher sa place dans l'histoire – et donc à être à la marge de l'histoire universelle. Il a posé l'égalité irréductible des absolus éthico-religieux comme aspects déterminés de Dieu. Dans sa sphère, l'absolu de l'âme noire apporte quelque chose de spécifique - l'hospitalité et le service aussi bien en temps de puissance que de faiblesse[259]. Plus tard, Du Bois, évoquant la philosophie de l'histoire de Hegel, est assez explicite à ce sujet : « Après l'Egyptien et l'Indien, le Grec et le Romain, le Teuton et le Mongol, le Noir est une sorte de septime fils, né avec un voile et doué de double vue dans ce monde américain »[260]. De ce point de vue, le Noir ne doit pas être exclu ou s'auto-exclure de l'histoire. Il s'agit là, affirme Du Bois, de « voies de salut pernicieuses », car l'aspiration du Négro-africain est d'« être un homme conscient de lui-même », « la finalité de sa lutte [étant] de collaborer, lui aussi, au royaume de la culture », parce que la sienne a brillé dans l'histoire ancienne, tout comme elle luit dans celle d'aujourd'hui : « L'ombre d'un passé noir grandiose traverse les contes de l'Ethiopie ténébreuse et de l'Égypte du Sphinx. Tout au long de l'histoire, les forces d'hommes noirs isolés étincellent

---

258. Marcien Towa, *op. cit.,* pp. 41-42.

259. Pour une excellente analyse, lire Marcien Towa, *Identité et Transcendance,* Paris, L'Harmattan, 2011.

260. W. E. B. Du Bois, *Les Âmes du peuple noir, op. cit.,* p. 11.

çà et là comme des comètes, et s'éteignent parfois avant que le monde ait véritablement mesuré leur éclat »[261].

Jean-Marc Ela et Jean-Godefroy Bidima affirment qu'il faut se retirer du monde du *principe du rendement* et d'une *modernité marchande aliénante*. Il se trouve, hélas, que d'un point de vue prosaïque et trivial nous ne menons pas une existence extra-historique, extra-cosmique, extra-mondaine. Le monde du rendement nous est imposé depuis que nous sommes tragiquement et passivement inscrits dans l'histoire de l'Europe depuis la fin du Moyen Âge. Notre auto-exclusion de l'histoire en tant que ségrégation dans le particulier ne peut esquiver quelques faits bruts qui nous confrontent au principe de réalité et au besoin d'une conscience active. D'abord l'histoire dont parle Hegel ou Schelling – et dont nous nous auto-excluons magiquement – a signifié une histoire dans laquelle nous avons été *intégrés* tragiquement à titre d'*objets*, de *biens meubles*. Nous l'avons été par l'esclavage que ces philosophes européens légitiment, ensuite par le colonialisme et le néocolonialisme, enfin, aujourd'hui, par les *conditionnalités* issues de la philosophie de l'ajustement structurel. Il n'en reste pas moins – et c'est la thèse de Césaire dans *Toussaint Louverture*, mais aussi celle défendue de nos jours par Paul Gilroy dans *L'Atlantique noir* – que la civilisation industrielle est d'une certaine façon une œuvre des peuples noirs. Aimé Césaire affirme dans *Toussaint Louverture* que la raison du maintien de l'esclavage des Noirs par la Révolution française tient au rôle économique décisif des colonies de plantation dans l'appareil de production de la bourgeoisie. En somme le travail des Africains. La civilisation industrielle trouve une de ses origines dans l'accumulation primitive du capital dans l'esclavage et la colonisation. C'était déjà la thèse défendue par Marx. Dans la tension entre la suspicion et le souvenir, pour F. Douglass, W. E. B.

---

261. *Idem*, 11-13.

Du Bois, Richard Wright, L. C. R. James, etc., l'histoire des Noirs du Nouveau Monde, en particulier les expériences de la traite négrière et de la plantation, constituent une part légitime de l'histoire morale de l'Occident tout entier[262]. Elle ne nous est donc pas étrangère. Nous devons – sans honte - en revendiquer les acquis et les conquêtes. Nous devons continuer à travailler à leur extension en largeur et en profondeur - en utilisant la raison émancipatrice hors de la seule sphère marchande. Toutefois, le réseau de références convoquées par Césaire et par Gilroy n'appelle pas à subir éternellement l'extra-historicité, ou à quémander une place dans le monde. Il appelle à penser et à réaliser une autre Cité, une autre polis où l'exclu ne sera plus à la marge sous la forme d'objet, de bétail, mais au centre, affairé à produire pour lui-même ce dont il a besoin, dans un ordre qui vise l'égalité et la fraternité humaine.

Il faut ensuite savoir quel principe de rendement combattre. Ce n'est pas tant la productivité en soi qu'il faut combattre, mais le principe du rendement d'une mondialisation qui a pour but l'extension indéfinie et en profondeur du profit, de la valeur d'échange et du « tout-marchandise » - la prolifération indéfinie de la marchandise dénoncée naguère par Fabien Eboussi Boulaga. Pour parvenir à un tel dessein, la conscience critique et combative du monde négro-africain n'a pas cherché et ne cherche pas à s'exclure de la marche du monde. Rappelons quelques faits historiques. D'abord Toussaint Louverture a libéré Haïti (Saint-Domingue) de l'esclavage et de la colonisation les armes à la main. Ensuite, Frederick Douglass a repris une tradition venant d'Ottobah Cugoano et d'Olaudah Equiano pensant au XVIIIe siècle américain pour lesquels la liberté et le mode de travail industriel sont pour le monde noir les possibilités de l'émancipation. En lien avec le Hegel de *Phénoménologie de l'esprit*, Douglas a de ce point de vue théorisé la nature de la liberté. Il a posé, d'un, que

---

262. Paul Gilroy, *L'Atlantique noir. Modernité et double conscience*, traduction de Jean-Philippe Henquel, Paris, Cargo, 2004, pp. 103-104.

l'esclave reste un agent qui doit toujours faire le choix positif de la mort contre la prolongation de l'esclavage ; de deux, qu'il doit mener une lutte au besoin physique contre les dominateurs et leurs relais qui excluent ; et, de trois, qu'il faut valoriser le rôle du savoir dans le processus de libération individuelle et collective[263]. Enfin, W. E. B. Du Bois a élevé le savoir et l'organisation au rang d'absolus. Reprenant les thèses de Douglass, de Blyden, de Sylvester Williams, il a pensé la notion de panafricanisme, mis au point des Congrès panafricains où s'est élaboré les luttes de libération et d'indépendance. Il s'agit donc du besoin de dépasser le royaume subi de la nécessité pour le royaume de la liberté par la lutte, la connaissance, l'organisation.

Que peut signifier aujourd'hui s'auto-exclure, parce que nous n'aimons pas le principe du rendement ? Rien, parce que c'est une histoire dans laquelle nous sommes encore passivement engagés – par l'acte nécessaire de l'autre qui continue à penser que nous sommes « hors de l'histoire » comme le furent nos ancêtres. C'est douloureux pour nous, car aujourd'hui encore nous restons l'appendice de l'Europe selon Samuel Huntington dans son *Choc des civilisations*. De façon très concrète en effet, nous sommes au sein des ACP (Afrique Caraïbe Pacifique), l'arrière-cour de l'Europe depuis plus de cinq décennies, à partir des deux conventions de « Yaoundé » (1963-1975) en passant par les quatre conventions de « Lomé » (1975-2000) jusqu'à l'Accord de « Cotonou » (2000-2020). Au dire des experts qui savent couper les cheveux en quatre, l'Europe reste de façon asymétrique notre « partenaire au développement ». En réalité nous dépendons non seulement des restes et des déchets de son industrie mais aussi de façon passive de sa monnaie, de ses langues, de ses techniques, de ses arts, de ses médias, de son cinéma, de sa littérature, de sa cuisine, de ses modes intellectuelles, vestimentaires,

---

263. Frederick Douglass, *Mémoire d'un esclave*, traduit par Normand Baillargeon et Chantal Santerre, Québec, Lux éditeur, coll. « Mémoire des Amériques », 2004.

sexuelles, de sa diplomatie, de ses expéditions militaires – souvent décidées sans notre aval. Pour nous intégrer à l'économie mondiale, elle travaille à normaliser notre système éducatif, notre système entrepreneurial, notre monnaie, notre sexualité[264] - selon ses intérêts. L'idée d'une auto-exclusion de l'Afrique de l'histoire universelle comme assomption inversée du discours hégélien peut donc surprendre en première approximation. Mais le retournement du stigmate surprend moins s'il est intégré au discours postcolonial indien et subsaharien : il est porteur d'un topos identitaire où est fantasmé un soi propre, mais intégré dans l'Empire, en cette phase du monde porté par le capitalisme globalisé. Reprendre à notre compte les stéréotypes de l'Occident comme le font les postcoloniaux et les subalternistes, c'est croire à tort que nous nous dressons contre lui. En fait nous œuvrons à son hégémonie : il s'agit donc d'une tragique et dangereuse méprise265.

§ 8. Conditions pour une historicité africaine.

Pour s'intégrer activement dans l'histoire, il faut éviter un double écueil : soit s'enfermer dans le particulier, soit oublier l'unité négative et la polarisation du monde. Aussi faut-il se méfier dans notre actualité de la thèse irénique d'une *conjonction non agonistique des identités*. Une solution dialectique nous est proposée dans la thèse qu'a défendue au XIXe siècle par Frederick Douglass dans « Ce que votre 4 juillet signifie pour un esclave » [1852]. Frederick Douglass tient à la fois à l'unité négative du monde – au terme d'un affrontement violent avec l'autre – mais aussi à la transgression de sa propre essence – une guerre civile qui oppose l'essence de soi à elle-même.

---

264. Alain Supiot observe « la part prépondérante dans les programmes occidentaux d'aide aux chercheurs africains des *Gender Studies*, qui ont pris sur ce point le relais de la normalisation sexuelle imposée par les missionnaires » (« Lier l'humanité : du bon usage des droits de l'homme », *in : Esprit*, 2005, n° 2, note 34, p. 143.
265. Jean-Loup Amselle, *L'Occident décroché. Enquête sur les postcolonialismes*, Paris, Stock, coll. « Un ordre d'idées », 2008, pp. 272-273.

Il faut en somme la lutte de soi avec l'autre – en évitant tout compromis immédiat et tout consensus humiliant - et la lutte de soi avec soi, parce que le monde reste fracturé, et cette fracture de l'ordre du monde est à notre désavantage. Assurément – affirme Douglass - en tant qu'hommes nous sommes exclus des grands principes fondateurs de liberté politique et de justice naturelle tels qu'ils sont inscrits dans la *Déclaration d'indépendance*. Mais il n'est pas question de rejeter ces principes universels car ce sont des « principes salvateurs » auxquels il faut tenir en toutes occasions, en tous lieux, contre tous les ennemis, à n'importe quel prix. Le propos de Douglass est bien plutôt de les faire respecter pour les universaliser en extension et en profondeur[266].

Disciple revendiqué de Douglass et de son besoin que les Noirs pensent eux-mêmes philosophiquement leurs problèmes en termes d'auto-affirmation et d'auto-développement, Du Bois donne un demi-siècle plus tard en 1903 une place fondamentale à l'Université : « L'université ne doit jamais poursuivre qu'un seul objectif – permettre, non pas de gagner son pain, mais de connaître la fin et le sens de cette vie que nourrit le pain […]. Enseignez aux travailleurs à travailler et aux penseurs à penser ; faites des charpentiers des charpentiers et des philosophes des philosophes […]. On ne forme pas des hommes isolés mais un groupe vivant d'hommes – en fait un groupe à l'intérieur d'un groupe. Le produit final de notre formation ne doit pas être un psychologue ou un maçon, mais un homme. Et pour faire des hommes, nous avons besoin

---

266. Frederick Douglass, « Ce que votre 4 juillet signifie pour un esclave », *in : Mémoires d'un esclave, op. cit.,* p. 131 *sq.* Cette traduction est incomplète ; elle est amputée de ses parties significatives en langue anglaise, cf. Philip S. Fioner (ed.), « The Meaning of July Fourth for the Negro », *in : The Life and Writings of Frederick Douglass,* volume II, *Pre-Civil War Decade* (1850-1860), NY, International Publishers, 1950 : « The freedom gained is yours ; and you, therefore, may properly celebrate this anniversary […] I have said that the Declaration of Independence is the ringbolt to the chain of your nations' destiny ; so, indeed, I regard it. The principles contained in that instrument are saving principles. Stand by those principles, be true to them on all occasions, in all places, against all foes, and at whatever cost ».

d'idéaux, larges, purs, et des buts qui puissent donner un sens à la vie [...] ; le penseur doit penser en vue de la vérité [...] »[267]. W. E. B. Du Bois s'inscrit dans la même volonté d'accéder au « monde spirituel » occidental - celui qui est « hors du Voile » - afin d'en universaliser en profondeur et extension les principes à partir de l'acte qui déchire le Voile, mais sans oublier les « âmes » - *souls* – du monde culturel noir : « Quittant alors le monde de l'homme blanc, j'ai pénétré dans le monde du Voile ; j'ai soulevé celui-ci pour que vous puissiez entrevoir ses replis les plus secrets – la signification de sa religion, la passion de sa douleur humaine, le combat de ses grandes âmes [...] »[268]. Quelques pages plus loin Du Bois insiste sur le besoin de dépasser la contradiction raciale – mais sans oublier l'insertion dans la grande culture africaine ancestrale, en particulier la religion, la poésie et la musique - pour retrouver les idéaux des Pères fondateurs de la République américaine : « La fraternité humaine passe par l'idéal unifiant de race [...] en conformité avec les idéaux sublimes de la République américaine. De cette façon, un jour, sur le sol américain, deux races, deux mondes pourront s'offrir mutuellement ces caractères dont ils manquent cruellement aujourd'hui. Nous, les plus sombres, nous ne venons pas les mains complètement vides, même aujourd'hui : il n'y a pas à l'heure actuelle d'interprètes plus justes de ce pur esprit d'humanité qui émane de la déclaration d'Indépendance que les Noirs américains [...]. Le problème noir n'est rien qu'un test concret des principes fondateurs de la grande république ; la lutte spirituelle engagée par les fils des affranchis est le travail d'âmes dont le fardeau excède les forces ; mais elles le portent au nom d'une race historique, au nom de la terre des pères de leurs pères, et au nom des possibilités qui s'offrent à l'humanité ». Du Bois cite les « paroles

---

267. William Edward Burghardt Du Bois, *Les Âmes du peuple noir*, traduction, annotation et postface de Magali Bessone, Paris, éditions ENS/Rue d'Ulm, coll. « Versions françaises », 2004, p. 53. *Cf.* aussi pp. 84-87.
268. William Edward Burghardt Du Bois, *Les Âmes du peuple noir*, *op. cit.*, p. 7 et pp. 18-19.

sublimes des Pères fondateurs » à ne pas oublier et pour lesquelles il faut lutter « par tous les moyens civilisés et non-violents possibles » : « Nous tenons pour évidentes par elles-mêmes les vérités suivantes : tous les hommes sont créés égaux ; ils sont dotés par le Créateur de certains droits inaliénables ; parmi ces droits se trouvent la vie, la liberté et la poursuite du bonheur » 269.

§ 9. Être par soi-même et pour soi-même

Dans de nombreux textes, la perspective de Douglass et de Du Bois refuse d'accepter l'anhistoricité africaine théorisée par Hegel comme non-participation africaine à l'Histoire universelle270. Cela obéit à un certain nombre de raisons qui restent toujours actuelles. Toute philosophie de l'histoire sait que le temps est irréversible ; mais cela ne veut pas dire que l'humanité est en constant progrès vers son amélioration, car il y a souvent des régressions. Toutefois, lorsque l'Idée de la liberté est semée, elle doit rester la boussole qui oriente le but de l'esprit universel qui met à jour dans la nature humaine une disposition et une faculté de progresser. De W.E.B. Du Bois à Marcien Towa, en passant par Marcus Garvey, Aimé Césaire, Frantz Fanon, Kwame Nkrumah, Amilcar Cabral, Eduardo Mondlane, Samora Machel, Steve Biko, Aminata Dramane Traoré, etc., la revendication du droit de dépasser ses traditions historiques est posée comme un droit imprescriptible de tous les peuples à être modernes. La raison en est que l'émancipation est le but ultime des peuples opprimés : « Être par et pour soi-même, par et dans l'articulation de l'avoir et du faire, selon un ordre qui exclut la violence et l'arbitraire » - a dit Fabien Eboussi Boulaga indiquant de façon récurrente dans *La Crise du Muntu* le lieu d'émergence de notre discours philosophique. De ce point de vue, la pire des choses à entreprendre est que nos peuples restaurent l'ordre

---

269. W. E. B. Du Bois, *Les Âmes du peuple noir, op. cit.*, pp. 18-19. Cf. aussi p. 62.
270. W.-E. B. Du Bois, *Les Âmes du peuple noir, op. cit.*, p. 11.

ancien, le culte et le droit à la différence. Pour Marcien Towa, l'unique cause de la défaite de l'Afrique est ce qui la différencie de l'Europe. Nous savons avec C. A. Diop que les peuples peuvent entrer en décadence lorsqu'ils perdent leur souveraineté. On a ainsi constaté des formes de cannibalisme lorsque l'Égypte a été vaincue par les Perses, les Grecs et les Romains. Dominées, l'Égypte, l'Inde, l'Arabie, la Grèce - autrefois si lumineuses - sont entrées dans l'obscurité donnant aux barbares de l'Occident de l'époque la tâche de l'avenir. Les peuples peuvent aussi renaître : il est donc essentiel d'avoir le sens de l'histoire pour saisir les peuples dans la longue durée. Pour C. A. Diop, il faut s'appuyer sur la connaissance du passé en étant conscients que l'Africain peut édifier aujourd'hui une puissance industrielle, parce que le passé de l'Afrique a été au cœur des grandes traditions scientifiques, techniques, culturelles et philosophiques. Le monde noir a donc été un passeur de savoir, de culture et de civilisation. Dans une telle affirmation, il n'y a nul passéisme afrocentrique.

Concluons avec Marcus Garvey. Le monde entier semble couvrir le Noir de mépris. Consciemment ou inconsciemment, le Noir alimente le racisme dont il est victime. En effet, qui ose approcher le lépreux ? Qui ne craint ceux qui sont atteints de maladies contagieuses ? Tant que le Noir sera pauvre, misérable et effacé, les autres le fuiront et le mépriseront. Le problème fondamental du Noir, c'est celui de sa faiblesse : or le sort du faible est l'esclavage et l'oppression. C'est son progrès et sa réussite industrielle et scientifique qui l'imposeront au respect des autres. La réussite matérielle et culturelle exerce sur l'être humain un attrait irrésistible. Quiconque y parvient, quelques soient sa nationalité et sa race ne peut manquer d'en être fier et de provoquer l'admiration des autres. Progrès et respect allant de pair, c'est le progrès que le

Noir doit poursuivre s'il veut surmonter le mépris et le racisme dont il souffre271. Il faut donc que les Noirs s'organisent en vue de bâtir en Afrique une nation puissante. C'est elle qui sera reconnue au sens hégélien du terme. Pour cela il faut la médiation de la lutte (violente au besoin), de l'organisation et de l'éducation. De là naîtront confiance en soi et estime de soi, au contraire de la volonté de s'auto-exclure du monde et de l'histoire.

[Hamilton, Ohio [USA] le 5/4/2011]

---

271. Marcus Garvey, *Philosophy and Opinions of Marcus Garvey* [1923/1925], edited by Amy Jacques-Garvey, with an introduction by Robert Y Hill, New York, Athenaeum,1992, pp. 22 – 24.

3.

Plaidoyer pour une pensée neuve contre la doctrine de la saignée organisée des peuples

« Ce n'est pas les esprits faibles, gagnés par l'évangile d'un temps nouveau, mais les esprits forts, en même temps ancrés dans le passé, qui seuls sont capables de créer le véritable avenir » [F. W. Schelling, *Philosophie de la mythologie*][272].

« L'humanité attend autre chose de nous que cette imitation caricaturale et dans l'ensemble obscène. Si nous voulons transformer l'Afrique en une nouvelle Europe, l'Amérique en une nouvelle Europe, alors confions à des Européens les destinées de nos pays. Ils sauront mieux faire que les mieux doués d'entre nous. Mais si nous voulons que l'humanité avance d'un cran, si nous voulons la porter à un niveau différent de celui où l'Europe l'a manifestée, alors, il faut inventer, il faut découvrir […]. Pour l'Europe, pour nous-mêmes et pour l'humanité, camarades, il faut faire peau neuve, développer une pensée neuve, tenter de mettre sur pied un homme neuf » [Frantz Fanon, *Les Damnés de la terre*][273].

« Nous sommes aujourd'hui dans un chaos culturel. Nôtre rôle est de dire : libérez le démiurge qui seul peut organiser ce chaos en une synthèse nouvelle, une synthèse qui méritera elle le nom de culture, une synthèse qui sera

---

272. F.W. Schelling, *Philosophie de la mythologie,* traduit par Alain Pernet, préface de Marc Richir, postface de François Chenet, Grenoble, Jérôme Millon, 1994, pp. 187-188.
273. Frantz Fanon, *Les Damnés de la terre,* Paris, Maspero,1978, pp. 232-233.

réconciliation et dépassement de l'ancien et du nouveau. Nous sommes là pour dire et pour réclamer : donnez la parole aux peuples. Laissez entrer les peuples noirs dans la grande scène de l'histoire ». [Aimé Césaire, « Culture et colonisation »][274].

Note de l'auteur

* Ce texte est un inédit dont la première ébauche remonte à 2009.

Notre moment culturel, politique et économique est celui au cours duquel les plus pauvres et les plus faibles de nos sociétés ont perdu et continuent à perdre toute citoyenneté dans le processus de l'ajustement économique à la mondialisation. Ces vaincus de l'histoire ont vu s'abattre sur eux de façon incompréhensible l'effondrement de l'emploi urbain, du système éducatif et sanitaire, de la sécurité alimentaire du monde paysan, du travail social. Mais d'autres en avait une clé. En effet au cours de cette conjoncture où tous les actifs publics passaient dans les mains privées au franc symbole - on a parlé en termes de bradage -, la pensée postcoloniale a tenu à délégitimer tous les discours qui ne convenaient pas aux exigences du capital sous la forme rentière et prédatrice qu'il prend en Afrique. Les discours critiques n'avaient pas voix au chapitre : ils étaient accusés de naïveté. Le postcolonialisme les a surtout réduits à n'être que l'expression de la saleté morale, de l'impureté éthico-politique et de l'esthétique de la vulgarité. La pensée postcoloniale n'a donc parlé de la postcolonie qu'en termes scatologiques ou excrémentiels. Cette situation est allée de pair avec une ambiance générale de désorientation, la philosophie postcoloniale affirmant qu'il n'y a plus de certitudes. Comme la

---

274. Aimé Césaire, « Culture et colonisation », *in Présence africaine,* Revue culturelle du monde noir, « Le 1er Congrès international des écrivains et artistes noirs (Paris –Sorbonne – 19-22 septembre 1956) », n° 8-9-10 – juin-novembre 1956, p. 205.

pensée postcoloniale refuse – formellement et non pas réellement, il est vrai - repères et fondements, un vide intellectuel a été créé, accompagné par la thèse insidieuse laissant entendre qu'il n'y a pas d'alternative à l'ordre du monde en cours. N'est restée debout que la volonté de renforcer métaphysiquement l'exclusion structurale permanente d'une grande partie de l'humanité africaine[275]. En l'absence d'autres repères, s'y est engouffré le discours sur le peuple originel (*Urvolk*) de l'autochtonie. Autrement dit, il est revenu au discours tonitruant du repli identitaire d'ordre ethnique, religieux, national l'unique explication des luttes sociales par temps de rareté. La place laissée vacante par le reflux de l'État, la destruction patiente et cohérente de l'espace public et par l'absence de tout conflit idéologique sur les options et les programmes, la légitimité a été transportée vers d'autres symboles : l'ethnie, la race, la région, la religion. Il s'est donc constitué un socle réifié de fureurs identitaires qui ont effacé le politique au profit de l'opposition de l'ami et de l'ennemi à exclure, à faire disparaître, à anéantir. La conjoncture actuelle nous rappelle que Fanon aborde déjà cette question lorsqu'il constate qu'« exposé à des tentatives de meurtres quotidiennes : de famine, d'expulsion de la chambre non payée, de sein maternel desséché, d'enfants squelettiques, le chantier fermé, les chômeurs qui rodent autour du gérant comme des corbeaux, l'indigène en arrive à voir son semblable comme l'ennemi [...]. La seule loi est celle du couteau [...] On peut tout faire pour un kilo de pain ou un misérable mouton... Les rapports de l'homme avec la matière, avec le monde, avec l'histoire, sont [...] des rapports avec la nourriture [...] Dans un contexte d'oppression [...], vivre, ce n'est point incarner des valeurs, s'insérer dans le développement cohérent et fécond du monde. Vivre c'est ne pas mourir. Exister c'est maintenir la vie [...]. Aussi dérober des dattes, permettre à son

---

275. Pour cette expression, *cf.* André Tosel, « La mondialisation comme objet philosophique ? », *in : Bulletin de la société française de philosophie*, n° 1, janvier-mars 2000.

mouton de manger l'herbe du voisin ne sont pas la négation de la propriété d'autrui, transgression d'une loi ou irrespect. Ce sont des tentatives de meurtres [...]. Forcément on bute sur soi-même. On découvre ici le noyau de haine de soi-même qui caractérise les conflits raciaux dans les sociétés ségrégées »[276]. Il est connu que l'abaissement de l'État a pour conséquence la montée des passions tristes et funestes. Cette dérive a été contemporaine de l'idée selon laquelle le libéralisme universel dit le vrai et s'incarne dans la libération de l'individu[277]. Dans l'ordre des représentations, toute cette configuration mentale a été exploitée dans notre actualité par la rhétorique mystagogique de la démonologie, et son expression politique, la « théologie de la prospérité ». Cette dernière célèbre en effet dans la richesse et la réussite matérielles des signes de bénédiction divine. Aussi sépare-t-elle l'univers africain de façon manichéenne entre les winners et les losers. Avec cette onction surnaturelle donnée aux riches, la théologie de la prospérité rend les pauvres seuls responsables de leur sort, parce qu'ils sont sous l'influence de forces sorcières et démoniaques. C'est sur ce terreau de Pentecôte exaltée que se développent des pratiques de l'opacité, du refus de rendre compte et d'impunité - notamment celles liées aux assassinats, aux vols, aux pillages, aux braquages, aux viols et aux abus sexuels.

Dans le même temps, le discours de la pensée postcoloniale a proposé à la conscience africaine un unique horizon, à savoir l'excroissance, l'ouverture infinie à la multiplicité, le passage continu d'une identité à une autre. Était ainsi conseillée l'exposition volontaire au flux perpétuel d'une libido appelée

---

[276]. Frantz Fanon, *Les Damnés de la terre,* Paris, François Maspero, coll. « Petite collection Maspero », 1968, pp. 226-228.

[277]. Myriam Revault d'Allones, *Le Dépérissement de la politique. Généalogie d'un lieu commun,* Paris, Flammarion, coll. « Champs », 1999, p. 208. Pour une référence locale à Carl Schmitt et son couple conceptuel ami/ennemi, on lira Sindjoun-Pokam, *La Philosophie politique trahie : le monofascisme,* Paris, Ateliers Silex, 1987, p. 41 sq.

par la société de consommation. Cette situation correspond bien à celle dont parle Étienne Balibar, à savoir « […] la multiplicité infinie, le passage continu d'une identité à une autre (dont une certaine idéologie postmoderne de libération par rapport aux figures autoritaires de construction de la personnalité a fait un idéal, au risque de prêter à un autre assujettissement) : celui qu'impose le modèle de l'universalité des « échanges », c'est-à-dire du marché et de ses « flux libidinaux » propres »[278]. Anxiogènes et invivables, de telles perspectives déstabilisent et désorientent d'autant plus qu'elles signifient simplement que l'on peut être tout et rien. Quitte à s'accrocher à n'importe quel repère, notamment le miraculisme religieux, le discours ethnique, l'exaltation de l'individualisme ! Cette condition historique a vu une augmentation exponentielle du nombre de superflus. L'Afrique subsaharienne connaît ainsi depuis les années 80 des phénomènes de non-identification, de désaffiliation - pour reprendre les termes de Robert Castel qui voit à l'œuvre les conséquences des mutations du salariat, des politiques du travail, de l'éducation, de la santé[279]. L'insertion de l'Afrique dans la « révolution économique mondiale » en cours a donc vu la montée de la précarité pour le grand nombre, au moment où oligarques et ploutocrates africains entraient le cœur léger dans la logique de l'appropriation tant souhaitée des processus de l'accumulation du capital[280].

Insistons sur le premier aspect évoqué. Hommes et femmes sont en ce moment-là devenus des « encombrements humains ». Ce fut naguère la

---

278. Étienne Balibar, *Nous, citoyens d'Europe*, Paris, La Découverte, 2001, pp. 52-53.

279. Robert Castel, *Les Métamorphoses de la question sociale. Une chronique du salariat*, Paris, Fayard, 1995.

280. À propos du discours exubérant sur l'insertion de l'Afrique à la mondialisation par l'institution globale de la marchandise et de la créance, lire *Accord de partenariat ACP-UE* (1995), *The New Partnership for Africa's Development (NEPAD)* (OUA, 2001), *Our Common Interest (Commission for Africa*, Londres, 2005*)*. A la suite de Fukuyama, Les auteurs de la *New Partnership* parlent tranquillement de la globalisation économique comme d'une « révolution mondiale » que l'Afrique ne doit pas rater !

terminologie utilisée par le gouvernement du très « humaniste » et très « chrétien » « socialiste africain » Léopold Sédar Senghor qui voulait vider la ville de Dakar de ses mendiants et autres désœuvrés[281]. Sont désormais visibles des enfants sans statut, sans nom, sans parents, sans rôles, interchangeables chaque fois qu'ils entrent dans des liens de plaisir et d'utilité. Potentiellement êtres inutiles, sans État, ils peuvent être tués sans égards, subir des exécutions extrajudiciaires, la justice populaire, abandonnés à eux-mêmes, sans état civil, dépourvus de soins et d'éducation, être l'objet de sacrifices rituels, se voir refuser toute absoute, voire toute sépulture. Nous pensons aux enfants-soldats, à ces millions d'enfants de la rue, à ces prostituées objets d'expérimentation pharmaceutique *in vivo* pour des vaccins, à toutes ces personnes objets d'un trafic d'organes qui fait désormais florès dans nos contrées, à ces handicapés et à ces malades mentaux abandonnés de tous, à la dérive dans les villes et les campagnes - souvent accusés de sorcellerie comme le sont les vieilles personnes. Analysant la « précarisation des vies ordinaires », Guillaume le Blanc parle de vies démantibulées et sacrifiées à l'autel d'intérêts économiques et géostratégiques[282].

La ronde infinie des inspections pour garantir les investissements et le fil ininterrompu des revues pour le remboursement du service de la dette et la réduction des déficits et des dépenses publiques de la santé, de l'éducation et du travail social par l'institution du commerce de la marchandise et de la créance montrent une chose : la saignée à blanc par les plans de rigueur et d'austérité qui a cours en Afrique depuis plus de trois décennies relève d'un dessein froidement pensé, organisé et planifié pour démanteler les

---

281. Sur cette question, lire le roman d'Aminata Saw Fall, *La Grève des bàttu*, Dakar, NEA, 1979.
282. Guillaume le Blanc, *Vies ordinaires, vies précaires,* Paris, Seuil, « La couleur des idées », 2007.

communs[283]. Ce processus n'est donc aucunement de l'ordre de l'Événement imprévisible, indéductible comme veut le faire croire l'idéologie postcoloniale. La forme que le capital prend dans nos contrées se révèle d'une dureté, d'une brutalité et d'une cruauté à la mesure de la décision de radicaliser par des méthodes violentes ses processus d'accumulation primitive du capital. Ce qui a impliqué pour beaucoup la perte des qualités qui permettent d'être traité comme un être humain ayant droit d'avoir des droits, sans compter la déstabilisation des biens communs de la santé et de l'école. Affirmer dès lors que « la mondialisation [est un] système sans humour »[284], c'est soit se voiler les yeux sur sa cruauté soit refuser d'encourager l'intelligibilité des processus en cours. Cette cruauté prend une double forme : il y a d'abord la cruauté structurelle d'un mode de production capitaliste reposant essentiellement sur la surexploitation que veulent voir se réaliser en Afrique subsaharienne Bayart et Mbembe ; il y a ensuite l'expulsion des individus et des masses hors de la sphère du travail – ce que Bernard Ogilvie et Zygmunt Baumann ont décrit notamment s'agissant de l'existence d'êtres superflus dans d'autres contextes sociaux[285]. Aussi sont-ils jetables ou réduits au rang d'*encombrements humains* parce qu'inutiles pour la production capitaliste. Parlant de cette production d'« hommes jetables » par la violence structurelle capitaliste, Étienne Balibar désigne *l'ultra-objectivité* de la violence ou de la cruauté, capable de réduire les êtres humains à des choses *sans utilité* ; le philosophe français voit aussi

---

283. Sur cette notion, *cf.* Pierre Dardot, Christian Laval, *Commun. Essai sur la révolution au XXIᵉ siècle,* Paris, La Découverte, coll. « Poche », 2014.

284. Jean-Godefroy Bidima, « La philosophie africaine », *in :* Jean-François Mattéi, *Encyclopédie philosophique universelle,* t. IV : *Le Discours philosophique,* Paris, PUF, 1998, pp. 266.

285. Pierre Sauvêtre et Cécile Lavergne, « Pour une phénoménologie de la cruauté. Entretien avec Étienne Balibar », *in : Tracés.* Revue de sciences humaines [En ligne], 19/2010, mis en ligne le 10 novembre 2012, consulté le 31 décembre 2014. Lire aussi Étienne Balibar, « Violence : idéalité et cruauté », *in : La Crainte des masses. Politique et philosophie avant et après Marx,* Paris, Galilée, coll. « La Philosophie en effet », 1997.

dans *l'ultra-subjectivité* qui en dérive un mécanisme fantasmatique intraitable qui happe le du sujet et le dissout de l'intérieur, sous la forme d'un délire d'identité de la violence vengeresse ethnocidaire[286]. *Cette* nécessité d'une violence structurelle est reprise de façon froide et tranquille par l'idéologie postcoloniale. Nulle question d'humour ici : l'institution globale du commerce et de la créance se montre incapable de mondialiser structurellement le bien-être et détruit de façon imperturbable des vies. Elle le fait par choix philosophique, idéologique et politique, car l'accumulation primitive du capital qu'elle propose à nos sociétés signifie le sacrifice des « perdants » et la vie *off-shore* des gagnants qui rejoignent la tutelle et la protection de l'hyper-bourgeoisie mondialisée pour loyaux et bons services.

Il n'est pas donc indifférent qu'Aminata Dramane Traoré prenne ces nouvelles réalités africaines comme socle de sa critique, notamment l'alternative mortifère de l'ajustement : « S'ajuster ou périr ? ». Il est significatif aussi que le grand travail esthétique, la grande littérature africaine récente dans le roman et le théâtre - celle du dernier Mongo Beti, de J.-M. Coetzee, de Fatou Diome, etc. – mettent en perspective de façon critique le monde instable et incertain de notre nouvel *âge de fer*. Cette instabilité et cette désarticulation de notre ordre du monde sont aussi montrées par la grande musique africaine moderne sur les brisées de Fela Anikulapo Kuti. Mais la plupart de ces créateurs ne veulent aucunement le maintien d'une indétermination critiquée à juste titre par la grande philosophie classique de Descartes à Schelling, en passant par Hegel. Ils ont bien plutôt pensé à la possibilité et à l'horizon d'une humanité réconciliée comme idée régulatrice. Il

---

286. Étienne Balibar, *Violence et Civilité. The Wellek Library Lectures et autres essais de philosophie politique*, Paris, Galilée, 2010. On lira aussi sur la même question, Étienne Balibar, « Violence, politique, civilité », *in :* Étienne Balibar, Marie-Claire Caloz-Tschopp, Ahmet Insel, André Tosel, *Violence, civilité, révolution. Autour d'Étienne Balibar*, Paris, La Dispute, 2015.

reste que l'indétermination métaphysique de l'idéologie postcoloniale ne peut qu'être la source d'une schizophrénie culturelle et politique qui explique le pessimisme historico-culturel et la haine de soi de nombre de penseurs postcoloniaux. Contre une telle perspective, Kwame Nkrumah et le courant de la dialectique de la libération souhaitent une nouvelle synthèse - sous la forme d'une unification de la conscience africaine autour de la lutte pour la souveraineté réelle, la justice, l'égalité fondamentale entre les hommes et la maîtrise de la nature.

Notons qu'au contraire de l'indétermination métaphysique postcoloniale, les chrétiens africains sont plus cohérents lorsqu'ils dénoncent de leur point de vue l'écartèlement psychique des Africains. Ils jugent en effet inconfortable une adhésion schizophrénique à deux absolus : l'absolu traditionnel de la vision du monde du culte des ancêtres et l'absolu chrétien. C'est ce que dit par exemple Meinrad Pierre Hebga : « Pasteurs et prêtres ne badinent pas avec la superstition : les coupables étaient suspendus de la réception des sacrements. Il fallait donc ruser, s'assurer à la fois les avantages de la religion nouvelle et ceux de la religion ancestrale. Double fidélité qui aboutissait à la duplicité, du moins chez un grand nombre. Ce n'était pas ce qu'avaient voulu les missionnaires. Mais puisque, de leur propre aveu, tout n'était pas mauvais dans notre culture, ne pouvait-on pas penser que tout n'était pas faux non plus dans nos croyances, et qu'au lieu d'abandonner nos peuples à un écartèlement inconfortable, il fallait les aider à discerner les valeurs de la civilisation dignes d'être gardées et développées ? »[287]

---

287. Meinrad Hebga, *Sorcellerie et prière de délivrance*, Paris, Présence africaine, 1982, pp. 22-23. Pour réaliser l'unification autour de la vision chrétienne du monde africain pour parachever la conversion des Bantu, un aspect important de la théologie africaine tourne autour de l'extirpation des formes traditionnelles d'incroyance et de croyance, notamment le culte des ancêtres. Alexis Kagame affirme à ce propos : « [La colonisation a mis face à face] une Philosophie et une Religion - celles des Bantu – et de l'autre, une Philosophie et une Religion – celles des Européo-

147

Vouloir comme le veut l'idéologie postcoloniale le maintien d'une indétermination des possibles - une incertitude stratégique sur les absolus - à cette phase de l'histoire du monde signifie réduire le but et les valeurs à l'ordre de choses en soi inconnaissables.

Ancrée dans un ordre dont les seuls phénomènes acceptables sont ceux de l'intérêt et du calcul, l'idéologie postcoloniale n'a pas de préventions théoriques contre l'utilitarisme philosophique. Son souhait explicite est que les êtres inutiles pour la production capitaliste puissent entrer dans des « dispositifs de servitudes productives », au moyen de la violence de « maîtres corporels » utilisant l'État pour exploiter les dominés - ou de façon plus euphémique - pour les « exclure socialement ». Le dire au moment où certains ne sont plus chez eux dans ce monde, voire sont devenus des surplus, « des encombrements humains », des êtres « superflus » dont l'ordre politique n'a à se soucier ni de l'existence ni de la participation à la chose publique, c'est entériner du point de vue doctrinal la saignée organisée des peuples. Aussi peut-on planifier froidement leur extermination parce qu'inutiles, c'est-à-dire inexploitables, non corvéables. C'est ce à quoi participe l'abandon aux catastrophes naturelles, aux maladies, à la famine, ainsi qu'aux violences

---

Américains. Qu'on s'en rende explicitement compte ou non, qu'on le dise ou qu'on le taise, c'était une lutte qui s'engageait, même une lutte à mort, puisqu'il s'agissait de faire s'éteindre la Religion-Philosophie du terroir. Et dans cette lutte qui s'engageait, seule la Religion des Bantu était directement visée. Leur philosophie constituait le renfort inconnu, le contingent invisible, ce qui en faisait une arme secrète, un lutteur du maquis, dont la Religion se promettait de tirer partie. L'adversaire inconnu est toujours le plus dangereux. Quant au culte des ancêtres lui-même, l'obstacle majeur est constitué par l'institution du devin, l'exploiteur […]. C'est pratiquement lui qui crée l'opposition entre le christianisme et la religion bantu. Si on pouvait le mettre hors-jeu, le reste serait susceptible de se laisser folkloriser » *(La Philosophie bantu comparée*, Paris, Présence africaine, 1976, p. 306, p. 316). La folkorisation du culte des ancêtres consiste à le réduire à être une pierre d'attente du christianisme. Au lieu de l'interdire, on doit seulement écarter les « vaines observances et les rites objectivement opposés à la doctrine chrétienne, matières en relation avec le fallacieux métier de devin » (Alexis Kagame, *idem*, p. 317). Sur l'incroyance dans les sociétés africaines traditionnelles et modernes, lire Éloi Messi Metogo, *Dieu peut-il mourir en Afrique. Essai sur l'indifférence religieuse et l'incroyance en Afrique noire*, Paris, Karthala, coll. « Chrétiens en liberté/Questions disputées », 1997.

guerrières sur fond d'idéologies de l'autochtonie. Cette idée du peuple originel (*Urvolk*) n'est en réalité que le masque que prennent les intérêts des majors du pétrole, du diamant, du coltan, du bois, du cacao, etc. Dès lors, conceptualiser la fin des ancrages culturels et mémoriels dans un monde qui n'en offre plus à une multitude d'êtres, valoriser intellectuellement l'incertitude et la précarité dans un monde qui vit sous la loi d'airain de l'incertain, du précaire et de l'éphémère qu'apporte l'ajustement, c'est prendre acte d'un état de fait et le renforcer métaphysiquement. C'est ratifier du point de vue spéculatif les nombreux phénomènes de non-identification d'Africains posés comme des *gens de trop*. Proposer l'exclusion des populations africaines ou l'auto-exclusion de l'Afrique elle-même de l'histoire universelle – en même temps que l'on s'en prend à la philosophie, à la rationalité réduite au même rang que toute autre narration, notamment les pseudosciences, les savoirs endogènes et le mythe, c'est encourager de l'intérieur de l'Afrique la ferme volonté des forces de domination et d'exploitation d'une exclusion de l'Afrique de la scène de l'histoire universelle.

Aujourd'hui la nouvelle saignée de nos peuples a pour visage la mise sous tutelle par la contrainte de la dette. Sa finalité ultime est d'empêcher tout procès interne vers la civilisation industrielle. Aussi diverses forces pèsent et travaillent pour qu'un état de guerre permanent essore l'Afrique de ses forces vives, afin que le pillage extractif des ressources se poursuive sans résistance physique ou culturelle robuste, tandis que la paupérisation pousse d'autres vers l'exil. Mais là où peuvent exister des zones utiles, l'appareil idéologique du système global du commerce et de la créance redécouvre – à travers le procès de numérisation des cours sous forme de *massive open online courses* - le système universitaire jusque-là abandonné et appauvri par des réductions budgétaires. Il suggère aussi que la vie académique soit entièrement organisée autour de l'économie d'extraction ou de service, afin d'accéder à la compétitivité. Dans une perspective néolibérale assumée, le monde académique est néanmoins hiérarchisé : il y a d'un côté un système scolaire acquis aux seules compétences utiles pour la production d'individus aux *savoirs jetables,* interchangeables, performants, flexibles, sans culture et esprit critique « comme les humains qui en sont le support provisoire – dans la mesure où, s'appuyant sur des compétences plus routinières, et adaptés à un contexte technologique précis, ils cessent d'être opérationnels sitôt que ce contexte est lui-même dépassé »[288]. Il s'agit donc d'une école formant en vue d'un savoir utilitaire, car elle est dévolue à la création d'un « capital humain » et d'une « économie du savoir » – leviers d'« activités génératrices de revenus » ou d'« activités génératrices d'initiatives rentables », mais où l'appel à l'autonomie et à la créativité est volontairement absent. À côté, on envisage la création de pôles régionaux d'excellence où l'enseignement se plie aux fondamentaux de l'école classique : « Tout d'abord – observe Jean-Claude Michéa -, il est évident qu'un tel système devra conserver un secteur d'excellence, destiné à former, au plus haut niveau, les différentes élites scientifiques, techniciennes, managériales qui seront de plus en plus nécessaires à mesure que la guerre économique mondiale deviendra plus dure et plus impitoyable. Ces *pôles d'excellence* – aux conditions d'accès forcément très sélectives – devront continuer à transmettre de façon sérieuse (c'est-à-dire probablement, quant à l'essentiel, sur le modèle de l'école classique) non seulement des savoirs sophistiqués et créatifs, mais également [...] ce

---

[288]. Jean-Claude Michéa, *L'Enseignement de l'ignorance et ses conditions modernes,* Paris, Climats, 2006, pp. 43-44.

minimum de culture et d'esprit critique sans lequel l'acquisition et la maîtrise de ces savoirs n'ont aucun sens ni, surtout, aucune utilité véritable »[289].

Analysant la situation qui veut nous réduire éternellement au rang de simple marché de matières premières, Marcien Towa observe que le système mondial de domination et d'exploitation veut rendre le « rapport de forces si défavorable » à l'Afrique qu'il lui « deviendra impossible de forcer l'entrée dans le cercle fermé des nantis », donnant ainsi corps au rêve de « ceux qui rêvent de nous effacer de la surface de la terre »[290] : « Cette question devrait nous préoccuper d'autant plus que les signes d'une volonté d'exclusion définitive de l'Afrique sont perceptibles. Un afropessimiste n'a-t-il pas proclamé que notre continent pourrait disparaître sans que le reste du monde s'en aperçoive ? Un autre idéologue français n'a-t-il pas affirmé brutalement que l'Afrique n'existe pas et ne saurait exister, sinon comme un appendice de l'Europe ? A. Mbembe [et J.-G. Bidima] [devraient] y réfléchir avant d'adopter […] le concept d'exclusion. Car [ils pourraient] bien, ce faisant, préparer le terrain à l'exclusion de notre continent, et donc, à [leur] propre exclusion. Si une telle lecture de ce qui a cours dans le monde n'est pas totalement erronée, nous devons prendre conscience que, comme le craignait Ch.-A. Diop, nous courons réellement le risque d'une élimination définitive de l'histoire universelle. Pour échapper à cette tragédie, il nous faut brûler les étapes pour faire partie de la prochaine vague des pays qui entreront dans le mégacycle des civilisations industrielles »[291].

---

289. Jean-Claude Michéa, *L'Enseignement de l'ignorance et ses conditions modernes,* Paris, Climats, 2006, pp. 43-44.
290. Marcien Towa, « De la lisibilité de notre monde », *in : Zeén Bulletin,* n° 2-3-4, septembre 1991-1992, p. 12.
291. *Idem*, p. 13.

Observons ceci : l'*afromondialisme* d'Achille Mbembe, la *philosophie de la traversée* de Jean-Godefroy Bidima, l'*afrotaoïsme* de Bassidiki Coulibaly, le *dasein ethnologisé* de Bourahima Ouattara, le *néopragmatisme* de Grégoire Biyogo s'inscrivent dans un ensemble d'idées qui ont émergé entre les années 60 et les années 90 du vingtième siècle. Cet ensemble d'éléments spéculatifs a posé la fin du sujet autonome et autofondateur de valeurs centrales du point de vue philosophique et éthico-politique, l'indétermination du sujet, la *déconstruction de l'objet* des philosophies porteuses du discours de maîtrise sous la forme du système, la fin de la croyance au salut et à la libération par le savoir, la défense de l'idée qu'il n'y a plus d'absolu pour lequel lutter, le nihilisme pour lequel toute pensée stable de l'être est une illusion, la dimension sceptique affirmant la limitation et l'impossibilité de toute connaissance – notamment celle d'un absolu seulement perçu en termes négatifs, l'absence d'une fondation et d'une nature dernière des choses, un certain idéalisme transcendantal posant la question du monde extérieur comme un faux problème, la célébration du croisement, de l'hybridation et du métissage contre l'idée de l'initiative historique, le rejet de l'identité et de l'universalité des structures de l'esprit humain, la renonciation à la l'idée de totalité, etc. Le système de la philosophie en Afrique subsaharienne a donc vu l'apparition d'un énoncé programmatique : le besoin essentiel d'une épochalisation généralisée qui élève l'instant – et donc l'événement, « ce qui arrive », « ce qui jaillit » - au rang d'une ontologie d'un temps en suspens, mais surtout un temps qui s'agite comme lapin en garenne courant en tous sens pour n'aller nulle part. Aussi percevoir et sentir l'*existence en sa nouveauté épochale* ne peuvent plus prendre la forme de la rationalité. Notamment parce que celle-ci ne se comprendrait pas elle-même et se donnerait une éternité abstraite et intemporelle. L'existence ne peut être exprimée de façon adéquate qu'à travers des modalités oraculaire, mystagogique, artistique, religieuse, mythique, car, avec elles, le présent accède à toute sa fraîcheur. Ce rafraîchissement au présent, à l'instant et à l'événement est une critique des philosophies de l'émancipation et du progrès qui prennent l'histoire au sérieux. La philosophie de l'histoire qui vise la présence à soi est donc brocardée comme une vision historiciste, linéaire et continuiste du monde.

C'est une preuve qu'au-delà de l'écume des discours et des références, les mêmes forces et les mêmes conflits idéologiques continuent à travailler et à tarauder l'Afrique - enkystés ici, transformés formellement là. Néanmoins, il reste que des options apparaissent chez nombre de penseurs postcoloniaux : il y a d'abord une option d'essence religieuse, dionysiaque. Elle entend promouvoir l'individu contre la totalité et le système. Elle fantasme donc le retour aux déterminations sociales du non-rationnel et du non-conceptuel. Cette orientation philosophique propose – au moins sur le plan de la forme - un mode de vie qui fait l'éloge des identités fluctuantes, tactiques, mobiles pour insérer dans un monde qui en appelle à la flexibilité et à la fluidité. Comme elle assume le monde comme il va, elle développe par conséquent une pensée interstitielle pour laquelle l'individualité - et la collectivité dont elle se pose comme le héraut - quémande juste sa survie au sein du *système du global*. Les penseurs de l'idéologie postcoloniale ont ensuite cette caractéristique qu'ils se satisfont de la détermination négative de l'absolu, par le privilège métaphysique donné au flou et au refus de toute certitude. La crise de la pensée métaphysique qui s'y révèle montre l'absence de confiance en soi, le doute sur soi, la fatigue de soi, une humilité et une prudence maladives devant les enjeux de l'histoire ou alors une volonté d'égarer l'ensemble de la collectivité en créant des impasses imaginaires. Il y a là assurément un symptôme de notre crise d'identité. La valorisation excessive de l'instant et de l'événement contre l'histoire par l'idéologie postcoloniale - son choix du court terme - signifie en dernière analyse l'assujettissement au modèle de l'universalité des échanges. Dans un article intitulé « L'idéologie comme description », Emmanuel Renault affirme avec justesse ceci : « Le concept d'événement a constitué la pièce maîtresse de différents dispositifs théoriques subversifs (Benjamin, Foucault, Deleuze). Mais le point de vue de l'événement sur l'histoire est également l'une des formes spécifiquement contemporaines de la dénégation de l'histoire. Certains modes de légitimation procèdent en effet à l'absolution du présent non pas en proclamant sa conformité à une rationalité éternelle, selon la définition marxienne de l'idéologie, mais en insistant au contraire sur la mobilité et l'innovation permanente d'un *nouveau* capitalisme permettant l'accomplissement de la liberté individuelle et la réalisation des différentes facettes de l'existence individuelle dans un univers flexible. L'historicité sans l'histoire, l'historicité réduite au flux des événements, voilà ce par quoi se solde la perte de la croyance en l'histoire lorsqu'elle s'accompagne de la substitution de la mondialisation à l'histoire comme objet de croyance, voilà ce qui caractérise cette fin de l'histoire si particulière qui accompagne un ordre social qui se conçoit comme dénué de frontières spatiales et temporelles [...]. Toute attitude critique aujourd'hui passe par ce défi : tenir que l'histoire n'est pas un flux d'événements tout en faisant le deuil de la « croyance en l'histoire » ; et symétriquement : comprendre que l'on peut parler d'histoire sans succomber en la croyance à l'histoire »[292].

En résumé, le discours de la pensée postcoloniale est gêné par l'idée d'une totalité rectrice posée comme un but à atteindre par l'action, la lutte et la raison dans l'histoire. Généralement réduit à la pensée du Même, le tout doit s'effacer devant un monde fragmenté, fragmentaire et atomisé - monde essentiellement

---

292. Emmanuel Renault, « L'idéologie comme description », *in : Rue Descartes,* n° 49, 2005, p. 87.

constitué de signes instables, d'économies flexibles que doit couronner un univers de signification mobile. Ce discours reste attaché au règne du moment présent, de l'instant, du *présent éternel*, de l'*à-présent* - en somme la courte durée commandée par le retour sur investissement immédiat. Il valorise donc notamment le court terme d'une vie africaine contingente, dispersée et impuissante face aux tenants de l'arbitraire historique qui s'arrogent le droit de manipuler, d'exploiter et de tuer sans sommation – voire de reléguer à la maladie, à la précarité, à la souffrance. Un tel discours somme en fait l'espace mental de la conscience africaine d'accepter *nolens volens* la béance d'une déchirure absolue de l'être de soi sans puiser dans la mémoire, l'histoire africaine et celles des autres peuples des forces pour résister et pour espérer vaincre. Les fragments de la conscience africaine ne peuvent ou ne doivent plus prétendre à la possibilité d'une réconciliation dans une nouvelle totalité à bâtir, et ce, contre l'antique tradition où trône la figure d'Osiris délicéré et démembré certes mais par la détermination de l'amour de sa femme Isis reconstitué et réconcilié avec lui-même.

C'est avec un tel arrière-plan qu'il faut lire la pensée postcoloniale affirmant formellement son option pour la téléonomie. Celle-ci n'est que pure rhétorique. Car en elle se fait jour une avancée mondialiste au moyen du *juridisme* ou du *formalisme juridique*. Le but dernier y est d'encadrer l'ordre réifié d'un État capitaliste bureaucratisé travaillant pour une a-subjectivité généralisée. Cet État n'aura donc plus rien à voir en effet ni avec l'humanité, ni avec la justice, ni avec l'équité, ni avec l'émergence d'un sujet de droit. Aussi – dans quelques-unes de ses expressions – la pensée postcoloniale veut-elle rationaliser l'ordre juridique à des fins instrumentales à partir des positions philosophiques qui mettent, au même niveau, la raison et le mythe, le savoir scientifique ou conceptuel et les savoirs narratifs. Se fait donc surtout jour la volonté d'avoir le mythico-religieux au fondement de l'ordre constitutionnel, l'auréole de la transcendance religieuse devant couvrir les normes juridiques de l'État minimum : « Certains États africains modernes veulent monopoliser le commerce, l'industrie, l'éducation et l'enseignement. Ils n'ont pas les moyens d'une telle politique ; et l'histoire contemporaine nous montre des pays aussi puissants que les États-Unis où l'initiative privée est le meilleur moteur du développement, et où l'État ne dispose d'aucun Ministère de l'Éducation Nationale. L'État africain, tel qu'il se vit aujourd'hui […] n'accepte aucune transcendance par rapport au pouvoir politique »[293]. Aussi pour appuyer les processus de l'accumulation capitaliste des classes dominantes, un noyau de crypto-théodicée est-il apparu. Cette crypto-théodicée affirme qu'un minimum de mal sous la forme de l'exploitation et de l'exclusion de quelques-uns est nécessaire en vue d'un Bien *optimum* - une Afrique productive et compétitive. Le capitalisme est tenu de ce point de vue comme un ordre parfait ne pouvant accoucher que du meilleur monde possible. Cette crypto-théodicée reprend le cœur de la théodicée que Leibniz énonçait de la façon suivante : « D'où il faut conclure que Dieu veut tout le bien en soi *antécédemment*, qu'il veut le meilleur *conséquemment* comme une fin, qu'il veut l'indifférent et le mal physique quelquefois comme un moyen, mais qu'il ne veut que permettre le mal moral à titre du *sine qua non* ou de nécessité hypothétique qui le lie au meilleur. C'est pourquoi la *volonté conséquente* de Dieu, qui a le péché pour objet, n'est que permissive […]. Pour ce qui est du vice, l'on a montré ci-dessus qu'il n'est pas un objet du décret de Dieu, comme moyen, mais comme condition *sine qua non* ; et que c'est pour cela qu'il est seulement permis. On a encore moins droit de dire que le vice est le seul moyen ; il serait tout au plus un des moyens, mais un des moindres parmi une

---

[293]. Engelbert Mveng, *L'Afrique dans l'Église. Paroles d'un croyant*, Paris, L'Harmattan, 1985, p. 149.

infinité d'autres »[294]. C'est sur cette base qu'Achille Mbembe a repris dans ses écrits après 1989 la thèse de Jean-François Bayart du besoin d'« accentuer la domination et l'exploitation » des dominés d'Afrique subsaharienne. Il y a ajouté le besoin de « légitimer et codifier institutionnellement » l'inégalité et organiser « l'exclusion sociale »[295].

Aujourd'hui, les exigences de l'accumulation amène donc encore certains à penser à « l'emprunt d'institutions, de procédures, de codes préexistants, qui précèdent ce qu'il y a à institutionnaliser, à « informer », à « transmettre »[296]. Rouages de la liberté et de la démocratie représentatives, l'Institution et le Code n'ont seulement dans ce cadre qu'un rôle ustensile, ancillaire : servir l'ordre marchand du libre-échange. Dans un tel ordre des idées, la démocratie n'est pas une valeur en soi. La Loi fondamentale aura pour unique objectif d'entériner « la production de l'inégalité ». Cette dernière doit être mise en rapport avec la violence et l'accumulation, parce que « l'Afrique doit affronter le défi de la compétitivité de ses économies à l'échelle mondiale. Or ce défi ne peut être relevé victorieusement dans la configuration actuelle de l'économie-monde sans un accroissement des régimes de productivité, c'est-à-dire en définitive, sans que soient mises en place des façons intensives de construire l'inégalité et d'organiser l'exclusion sociale »[297]. Compte tenu d'un tel dessein, « la question [...] est de savoir à quelles conditions les pouvoirs privés en train de se mettre en place parviendront à utiliser la contrainte pour constituer des patrimoines, s'arroger les droits de l'autorité et les compétences publiques, se doter des immunités suffisamment épaisses pour permettre la cristallisation,

---

294. Leibniz, *Essais de théodicée : sur la bonté de Dieu, la liberté de l'homme et l'origine du mal*, suivi de *La Monadologie*, préface et notes de Jacques Jalabert, Paris, Aubier, coll. « Bibliothèque philosophique », pp. 123-124, et p. 267.
295. Achille Mbembe, *De la Postcolonie, op. cit.,* p. 92-93.
296. Fabien Eboussi Boulaga, *La Crise du Muntu, op. cit. ,*p. 195.
297. Achille Mbembe, *De la Postcolonie, op. cit.,* p. 92-93.

sur la longue durée, de dispositifs de servitudes productives, et donc capables d'être à l'origine d'un modèle de capitalisme inédit »[298]. Parce que la finalité de la violence est d'être reconvertie en productivité du travail, Achille Mbembe regrette que la violence ne soit pas orientée économiquement, « les guerriers postcoloniaux ne cherchant guère à se transformer en une classe de « maîtres corporels » dont la visée serait d'utiliser son patrimoine humain dans le cadre d'une exploitation de la force de travail ou de le convertir à l'état de dépendant. Dans ces conditions, la finalité de la guerre n'est pas l'exploitation économique »[299]. Mbembe estime nécessaire de penser - au-delà de la prédation ou de la simple rapine - à une autre économie politique et à l'invention d'autres systèmes plus coercitifs : « Pour le moment, la question est de savoir si, d'une part, ces processus aboutiront ou non à l'émergence d'un système de contrainte capitalisée, suffisamment cohérent pour imposer des changements dans l'organisation de la production et la structure de classe des sociétés africaines ; et si, d'autre part, la soumission des Africains qu'ils requièrent, l'exclusion et les inégalités qu'ils entraînent pourront se légitimer, et la violence qui en est le corollaire socialisé au point de devenir un bien public »[300]. Achille Mbembe a un moment de sursaut pour la civilité avec la violence et l'inégalité qui accompagnent ces processus visant à doter les maîtres corporels d'Afrique d'immunités suffisamment épaisses afin de bâtir un modèle de capitalisme inédit. Le penseur camerounais balaie de tels scrupules du revers de la main, en affirmant que « rien ne permet de dire que, sur le temps long, prospérité et démocratie ne peuvent naître du crime »[301]. On comprend pourquoi l'ordre démocratique est instrumentalisé pour servir les normes de « l'accumulation du capital » selon la récente « stratégie de

---

[298]. *Idem*, p. 122.
[299]. *Idem*, p. 121.
[300]. *Idem*, p. 137.
[301]. *Idem*, p. 137-138.

développement » des ultralibéraux africains qui ont désormais pignon sur rue à l'Union africaine. Mbembe ne justifie pas toutefois philosophiquement l'inégalité qu'il souhaite parmi les hommes – au contraire par exemple d'une perspective philosophique qui prône explicitement la distinction bergso-nietzschéenne des surhommes et des sous-hommes. Pour cette dernière position philosophique, l'impunité et l'immunité des surhommes sont motivées par l'idée que ces derniers seraient – de façon thaumaturgique et démiurgique - au-dessus des normes et des lois communes. La faiblesse de la perspective d'une ultralibéralisation de nos sociétés tient au fait que Mbembe ne tente pas une justification philosophique et conceptuelle de l'inégalité parmi les hommes. Le peut-il d'ailleurs, en dehors de la crypto-théodicée qu'il développe ? Il reste qu'aucune personne ni aucune institution ne peut faire valoir des droits sans une justification rationnelle qui en fasse une instance instituante de la société[302]. Son discours fait néanmoins sens dans notre contexte, et doit à ce titre être critiqué avec les armes de la pensée critique négro-africaine – notamment celle de Frantz Fanon dont il a entrepris une neutralisation postmoderne.

Par avance, Fanon nous a toutefois mis en garde contre le souhait d'une ultralibéralisation de nos sociétés. Concluant *Les Damnés de la terre*, Fanon indique fermement ce que signifie *sortir de la grande nuit dans laquelle nous fûmes plongés*[303] : « Il importe de ne point parler rendement, de ne point parler

---

302. Maurice Sachot, « La vie active selon trois régimes culturels en conflit : la christianité, le républicanisme laïc et le libéro-capitalisme », *in : Les Cahiers philosophiques de Strasbourg*, 1/2009.

303. Fanon dit ceci exactement : « Allons, camarades, il vaut mieux décider dès maintenant de changer de bord. La grande nuit dans laquelle nos fûmes plongés, il nous faut la secouer et en sortir. Le jour nouveau qui déjà se lève doit nous trouver fermes et résolus » (*Les Damnés de la terre, op. cit.*, p. 229). Le titre d'un des derniers livres d'Achille Mbembe - *Sortir de la grande nuit. Essai sur l'Afrique décolonisée* - développe un esprit radicalement opposé à celui de Fanon, car il se propose notamment de ne parler de l'homme qu'en cherchant les moyens de mieux

intensification, de ne point parler rythmes [...]. Il s'agit très concrètement de ne pas tirer les hommes dans les directions qui les mutilent, de ne pas imposer au cerveau des rythmes qui rapidement l'oblitèrent et le détraquent. Il ne faut pas sous le prétexte de rattraper, bousculer l'homme, l'arracher de lui-même, de son intimité, le briser, le tuer »[304]. Vouloir rattraper le capitalisme européen est pour Fanon une impasse parce que les « crimes de l'Europe » capitaliste, colonialiste et impérialiste ont provoqué « au sein de l'homme, l'écartèlement pathologique de ses fonctions et l'émiettement de son unité, dans le cadre de la collectivité la brisure, la stratification, les tensions sanglantes alimentées par des classes, enfin, à l'échelle immense de l'humanité, les haines raciales, l'esclavage, l'exploitation et surtout le génocide exsangue que constitue la mise à l'écart d'un milliard et demi d'hommes »[305]. Fanon nous donne à partir de là un conseil de bon sens qui doit encore nous parler : « L'humanité attend autre chose de nous que cette imitation caricaturale et dans l'ensemble obscène. Si nous voulons transformer l'Afrique en une nouvelle Europe, l'Amérique en une nouvelle Europe, alors confions à des Européens les destinées de nos pays. Ils sauront mieux faire que les mieux doués d'entre nous. Mais si nous voulons que l'humanité avance d'un cran, si nous voulons la porter à un niveau différent de celui où l'Europe l'a manifestée, alors, il faut inventer, il faut découvrir [...] Pour l'Europe, pour nous-mêmes et pour l'humanité, camarades, il faut faire peau neuve, développer une pensée neuve, tenter de mettre sur pied un homme neuf »[306].

---

l'exploiter, l'exclure socialement en encourageant la moralité de l'inégalité et de la propriété privée.

304. Frantz Fanon, *op. cit.* p. 232.

305. Frantz Fanon, *op. cit.,* p. 232.

306. Frantz Fanon, *Les Damnés de la terre, op. cit.,* pp. 232-233.

Quelques spectres hantent donc l'Afrique de l'ajustement. Il y a le *constitutionnalisme identitaire*[307] qui n'est que l'envers des velléités de constitutionnalisme ultralibéral. Il s'agit de la constitutionnalisation de la précarité que les citoyens européens - français, néerlandais et irlandais - ont subodorée dans le « traité constitutionnel européen » qu'ils ont rejeté dès 2005 mais qui a été validé par des instances non élues. L'ultralibéralisation de l'Afrique est aujourd'hui le dessein des secteurs du pétrole, de l'uranium, de la bauxite, du bois, de l'or, du cacao, de la banane, des télécommunications, de la gestion des ports, de la défense, du coltan, etc. - quitte à mettre des pays à feu et à sang, à y instaurer le chaos. Leur agenda a été d'imposer au sous-continent la *règle d'or* cruelle, aveugle et inhumaine du profit depuis plus de trois décennies. Ces milieux sont aidés dans nos sociétés par ceux dont ils servent de cornac du point de vue politique, institutionnel et idéologique. En son nom, sont privés de nourriture, de santé, d'éducation des millions de personnes qui n'ont contracté aucune dette. Se comprend alors la volonté d'une constitutionnalisation de l'exclusion par leurs idéologues : certains sont exclus par avance aussi bien de la *substance* de l'humanité que de ses *accidents*. S'explique aussi le désir de certains d'institutionnaliser l'inégalité et l'exploitation au nom de la compétitivité et de la productivité des économies africaines. C'est ce qui explique que, d'un côté, on vante, pour ceux qui sont choisis par le capital, le flux, la mobilité, la fluidité, le nomadisme ; et, de l'autre, la fin de toute *exit option* pour la force de travail qui doit attendre sur place son insertion dans le marché du travail - tout en fantasmant la mise en place de nouvelles institutions et de nouvelles constitutions devant protéger les

---

307. Sur cette notion, lire l'Ivoirien Francisco Meledje Djedjro, « Le système politique ivoirien dans la géopolitique ouest africaine », *in : Revue du droit public,* n° 3-2006.

grands intérêts[308]. Pour brouiller les consciences, afin qu'elles n'interrogent pas de façon critique des réformes structurelles ou constitutionnelles allant dans un sens ou dans l'autre, on sature l'espace public d'un discours sur l'alternance sans alternatives, tout comme émerge la ferme volonté de réduire la centralité de l'usage public de la raison au moyen des sciences sociales classiques. Ainsi, pour Mbembe, « c'est peut-être le prix à payer pour « ré-enchanter l'Afrique »[309]. La perspective démiurgique et magico-religieuse de ré-enchantement ne peut aboutir *in fine* qu'à une virtualisation du monde. Au lieu d'en rendre réellement compte, il est divisé entre les bons - ceux qui acceptent la légitimité du droit à la propriété privée et à l'inégalité - et les mauvais - ceux qui s'opposent aux dispositifs idéologiques et réels de maîtrise des corps. On voit pourquoi l'expérience vécue de l'histoire devient pour Achille Mbembe celle du fantasme et du cauchemar où « le réel et la fable se reflètent l'un l'autre »[310]. Il nous faut tout autant nous méfier d'une attitude inverse ou symétrique, à savoir la désinstitutionalisation prônée par la philosophie de la traversée de Jean-Godefroy Bidima. L'inscription théorique de la désinstitutionalisation dans le monde événementiel portée par la mondialisation apparaît justement comme une volonté de « désémancipation historique et ontologique »[311]. L'institution est en effet péjorée en elle-même par J.-G. Bidima au nom de ce qui advient, du hasard et de l'occasion.

Dans les années 90, l'œuvre de J.-G. Bidima a ainsi sonné une charge féroce, brutale et sarcastique à l'égard de l'institution de la philosophie en

---

[308]. *Cf.* Sur de telles questions en Europe occidentale, Gilles Châtelet, *Vivre et penser comme des porcs. De l'incitation à l'envie et à l'ennui dans les démocraties-marchés,* Paris, Gallimard, coll. « Folio/Actuel », 2000.

[309]. Achille Mbembe, « Avant-propos à la seconde édition », *De la postcolonie, op. cit.,* p. XXXII.

[310]. Achille Mbembe, *De la postcolonie* [2005], *op. cit.,* p. XVII.

[311]. André Tosel, « La mondialisation comme objet philosophique », *in : Bulletin de la société française de philosophie, 94/1, janvier-mars 2000, p. 31.*

Afrique, lieu de l'apprentissage du débat. L'ironie à l'endroit de « la posture » d' « inaccomplissement social » de l'enseignant de philosophie, moqué comme pauvre par rapport au juriste et au médecin participe en fait de la volonté de réduire la centralité de l'usage public de la raison. Pour J.-G. Bidima en effet, le « pouvoir parodique » « de ce pédagogue démuni »[312] révèle au grand jour son absence d'autorité symbolique. Frapper sur l'école et l'enseignement de la philosophie réduits à n'être que des instances de légitimation et d'exercice du pouvoir et de la domination feint d'oublier que la philosophie et la démocratie sont nées d'un même mouvement. Ce n'est pas par hasard si cette attaque est contemporaine du moment où le débat sur l'Institution est plus que jamais actuel dans nos sociétés. Le débat public est en effet saturé par la question de la mise en place d'institutions rationnelles, démocratiques et transparentes portant sur la limitation du mandat présidentiel, l'alternance, la question de la citoyenneté et de la nationalité, la distinction des autochtones et des allogènes - c'est-à-dire qui doit voter et avoir accès à des privilèges, à un statut, à une rente -, et donc celle de la refonte des listes électorales, celle du scrutin majoritaire à un ou deux tours et de la proportionnelle intégrale ou tempérée, la question de la justice expéditive ou extrajudiciaire entée par la quête du bouc émissaire et de la victime sacrificielle de la panique et de l'angoisse identitaires. Parce que la désinstitutionalisation s'accompagne d'un amoindrissement de la raison et du concept, de telles questions pressantes et existentielles ne peuvent plus être – pour certains - tranchées par le *logos*, mais par la mythologie et les passions violentes et tristes qu'elle suscite. La *doxa* et les *topoï* spontanés qui s'affirment dans l'espace public souhaitent que le fondement de l'association politique s'inspire du modèle religieux, que la forme du lien politique se construise ou admette de façon explicite une

---

312. Jean-Godefroy Bidima, « La philosophie africaine », *in :* Jean-François Mattéi, *Encyclopédie philosophique universelle*, t. IV : *Le Discours philosophique*, Paris, PUF, 1998, pp. 266.

référence extérieure qui lui serait préalable ou antérieure. Pius Ondoua exprime aujourd'hui ces relents d'exhortation religieuse en militant pour la possibilité de la réintroduction de Dieu et de la Transcendance dans la problématique du sens. Il n'est pas étonnant aussi que s'installe la méfiance, le retrait et l'indifférence vis-à-vis de la politique – ce qui est assurément congruent avec la liberté des modernes qui offre la possibilité de se libérer de la politique au profit des préférences privées. Notre actualité nous donne aussi à voir que le seul recours pour certains reste l'usage de la force, suspendant toute possibilité de dévolution du pouvoir selon l'ordre institutionnel de l'État dit de droit. La thèse du courant postcolonialiste d'un retour au discours mythico-religieux, au non-rationnel, au non-conceptuel ne doit donc pas laisser impassible, car penser l'ordre du dés-ancrage culturel, de la désaffiliation et de la désinstitutionalisation sociale, politique et idéologique de nombreux Africains ne doit pas être exclu du débat public et libre.

On l'aura compris : la perspective d'un système inégalitaire et censitaire d'exploitation et de domination n'est pas la nôtre. Notre objectif est de travailler pour l'unité africaine en réconciliant liberté et égalité, ce qui signifie que nous devons faire de ce projet de nous-mêmes la possibilité d'une maîtrise rationnelle et raisonnable du monde. Notre horizon ne peut en effet que changer du tout au tout à l'heure d'une mondialisation qui a vu, avec la fin de la guerre froide, l'Europe de l'Est se rallier au Centre et à l'économie de marché - « la Maison commune » selon Mikhaïl Gorbatchev[313] - et une fragilisation de nos étroites unités face aux enjeux globaux. Notre perspective doit impérativement changer au moment où des ensembles impériaux des pays industrialisés se redéployent en bloc militaire, économique, financier et

---

[313] Mikhaïl Gorbatchev, *Perestroïka. Vues neuves sur notre pays et le monde,* traduit par Jean Bonnefoy et William Desmond. Paris, Éditions J'ai lu, 1987.

culturel jusqu'aux confins de l'*orbis* pour écraser les peuples qui ne sont pas encore industrialisés. Face à un tel défi, notre projet doit être cohérent et conscient. En effet, comme il s'agit de questions qui engagent la vie et la mort, on doit répudier l'indétermination métaphysique qui affirme que « peut-être qu'il y aura quelque chose [...] »[314]. Il faut de façon radicale expliciter et clarifier les horizons contre le pur mouvement dans la poursuite d'un *non-encore*, d'un *nondum* sans forme, sans contenu définitif – celle d'une liberté d'indifférence, une liberté du vide qui ne veut prendre ni un parti ni un autre alors que les actions ne souffrent aucun délai. C'est dire que l'indétermination ne peut et ne doit être élevée en posture métaphysico-politique de notre être et de notre mode d'existence. Pour décider, il nous faut abandonner l'incertain d'« une vie *conjecturale* fondée sur le si et le peut-être » - dénoncée par Lucien Ayissi[315].

De fait l'aporie, l'impasse, l'incertitude, l'indétermination et l'indécision élevées en mode de comportement, en mode de vie et d'inscription dans l'être par la pensée postcoloniale oublient « la morale par provision » de René Descartes. Par méthode, en attendant mieux, la morale par provision affirme que le choix d'un chemin est toujours meilleur que le refus de n'en suivre aucun. Pour Descartes en effet, dans une situation d'incertitude ou d'indétermination face aux possibles de la vie, il faut faire un choix et s'y tenir fermement avec résolution - même lorsque le chemin de vie semble hasardeux, incertain et problématique : « Ma seconde maxime était d'être le plus ferme et le plus résolu en mes actions que je pourrais, et de suivre pas moins constamment les opinions les plus douteuses, lorsque je m'y serais une fois déterminé, que si elles eussent été très assurées. Imitant en ceci les

---

314. Jean-Godefroy Bidima, *La Philosophie négro-africaine* », *op. cit*, p. 109.
315. Lucien Ayissi, *Corruption et Gouvernance*, Yaoundé, Presses Universitaires de Yaoundé, 2003, p. 121.

voyageurs qui, se trouvant égarés en quelque forêt, ne doivent pas errer en tournoyant, tantôt d'un côté, tantôt de l'autre, ni encore moins s'arrêter en une place, mais marcher toujours le plus droit qu'ils peuvent vers un même côté, et ne point le changer pour de faibles raisons […] ; car, par ce moyen, s'ils ne vont justement où ils désirent, ils arriveront au moins à la fin quelque part, où vraisemblablement ils seront mieux que dans le milieu de la forêt. Et ainsi, les actions de la vie ne souffrant aucun délai, c'est une vérité très certaine que, lorsqu'il n'est pas en notre pouvoir de discerner les plus vraies opinions, nous devons suivre les plus probables »[316]. Ébénézer Njoh-Mouellè retrouve cette métaphore de l'homme égaré dans la forêt lorsqu'il fustige « l'homme critique » comme un homme sans repères, en pleine désorientation dans la forêt des valeurs à la suite de la crise d'une société ébranlée par des forces qui le dépasse, et succombant à l'errance éthique et culturelle : « Celui qui, égaré en pleine forêt, au lieu de marquer un temps d'arrêt pour essayer de se réorienter se met à courir à gauche, à droite, devant, derrière, compromet ses chances de retrouver le chemin. Non seulement il peut être définitivement perdu, mais son comportement désordonné aura d'abord fait de lui un homme malade […]. Égaré donc en épaisse forêt de valeurs, cet homme vit une crise plus ou moins conscience, reflet intériorisé d'une vaste crise […] »[317]. Certaines perspectives philosophiques africaines refusent la résolution déterminée vers un but : elles démobilisent parce qu'elles se ferment à l'action effective et à l'expérience pratique. Contre elles, il faut idéalement déterminer une orientation, et prendre l'option de maintenir fermement son action, même et surtout quand on semble perdu, désorienté, sans repères, en somme lorsque

---

316. René Descartes, *Discours de la méthode,* édition établie par Geneviève Rodis-Lewis, Paris, Flammarion, coll. « GF », pp. 52-53.

317. Ébénézer Njoh-Mouellè *De la médiocrité à l'excellence. Essai sur la signification humaine du développement* [1970], Yaoundé, Clé, 2011, p. 35.

l'on est en pleine désorientation dans l'épaisse forêt des valeurs qui se présentent à nous : « Le mouvement par lequel le sujet historique s'élève au-dessus du donné pour embrasser du regard de l'esprit beaucoup d'autres possibilités - observe Marcien Towa - est un mouvement de théorisation, pour autant qu'il doit s'attarder à examiner les différentes possibilités, les confronter, les combiner entre elles, concevoir les conditions de leur éventuelle réalisation. Le résultat théorique d'un tel effort peut être la formation d'un système universel. L'esprit peut même s'offrir le luxe de laisser plusieurs questions en suspens, de s'habituer à ne pas conclure trop vite en l'absence de lumières suffisantes. L'exemple le plus remarquable est fourni par les dialogues aporétiques de Platon. Il faut à l'esprit une grande vigueur atteinte au prix d'un long et intense entraînement pour pouvoir séjourner longuement parmi les idées et même parmi les incertitudes, entreprendre une réflexion de longue haleine, la pousser jusqu'à un certain point, marquer une pause et la reprendre là où la question a été laissée, sans perdre courage. Néanmoins, la pensée n'est pas autosuffisante, elle doit conduire à des transformations de la réalité humaine et de son environnement »[318]. Pour la pensée postcoloniale au contraire, le séjour dans les incertitudes n'est pas un stade, car l'ordre de l'incertain est posé comme une dimension métaphysique de notre être au monde, une règle de la direction de notre esprit, un sens à donner à notre mode de vie individuelle ou collective. Dès lors, transformer le réel signifie se souiller. Cela démobilise, notamment eu égard à la pensée du projet de nous organiser sur le plan économique, démographique et militaire à une échelle comparable à celle des pays industrialisés et des pays émergents. C'est-à-dire de grands ensembles démographiquement importants qui maîtrisent la civilisation industrielle pour satisfaire leurs besoins théoriques et pratiques,

---

[318]. Marcien Towa, *Identité et Transcendance,* Paris, L'Harmattan, coll. « Problématiques africaines », 2011, p. 302.

tout en étant aussi capables de défendre - par la force militaire au besoin - et leurs ressources et leurs acquis. Dans le monde tel qu'il est, faire de l'Afrique un acteur qui s'auto-affirme – au besoin par la force - doit être l'objet de tout notre effort spéculatif et théorique. De ce point de vue, il ne faut pas suivre l'irénique idée d'une *conjonction non antagonique des identités*. Car la philosophie politique enseigne depuis Héraclite que l'impuissance militaire signifie l'impuissance politique et morale. De ce point de vue, un corps politique africain digne de ce nom sur la scène du monde n'existera que lorsqu'il aura en vue la possibilité de la guerre, sans solliciter quiconque pour s'en charger à sa place. L'Europe a prétendu ne poursuivre désormais que la paix, le commerce et le droit. La guerre en Lybie, en Côte-d'Ivoire et au Mali nous montre de façon tragique le contraire.

De ce point de vue, nos petits pays isolés – nos « républiquettes » selon le mot de l'économiste Osendé Afana - ne peuvent être *autocentrés*. Lutter en tant que continent - à l'échelle panafricaine - est le cadre où des revendications et des résistances peuvent se faire contre les empiètements de l'institution globale du commerce et de la créance. Un tel but ne sera raisonnable que si les peuples africains s'organisent autour d'un système social fondé sur l'idéal égalitaire. Il n'y a en cela nulle volonté de revanche historique - comme le disent quelques-uns comme s'ils souhaitaient *in petto* une forme ou une autre de *containment*. Il s'agit seulement de penser une possibilité réalisable : nous tenir debout pour participer d'une humanité caractérisée par l'égalité et la liberté dans l'indépendance. Il s'agit que nous soyons notre propre maître (*sui juris*) - pour paraphraser Kant.

Notre perspective est donc la liberté, l'unité africaine, l'égalité et la maîtrise du monde. Elle est de loin plus ample que la seule question des mécanismes institutionnels pour agencer les pouvoirs. La démocratie ne peut être réduite ni à la seule démocratie représentative fondée sur le système du vote électif au suffrage universel, ni à la démocratie formelle qui défend les droits individuels et abstraits. Penser la démocratie, c'est penser la condition de possibilité d'une Constitution ou d'un principe constituant de la Cité dont l'horizon est une meilleure existence et une meilleure expérience politique. De ce point de vue, notre projet doit être porteur en lui-même d'un procès continuel d'auto-institution, d'autocréation que seule permet l'éducation qu'on démantèle depuis trois décennies. Nul fondement théologico-politique à la constitution de soi ne doit infléchir cette perspective par son appel hétéronome à la transcendance religieuse. C'est en effet l'homme qui *institue* qui est sacré par rapport à toute institution. Seul le travail de la raison doit montrer qu'aucune institution n'est sacrée. Parce que l'homme reste toujours engagé - comme l'a bien perçu Castoriadis - dans le processus infini d'auto-institution que permet la transmission par le biais de l'instruction publique universelle. Penser la démocratie réelle, c'est donc penser à l'universalisation de l'éducation et à la prise en charge publique de la santé – possibilités que ferme le despotisme obscur et les forces obscures pilotées par l'institution globale du commerce et de la créance. Or au nom du refus d'un lieu à totaliser au moyen de la raison, certains - acquis au « non rationnel » et au « non-conceptuel » - pensent désormais que l'important n'est pas « le contenu transmis »[319] - notamment le contenu culturel qui transiterait à travers les langues africaines[320]. Face à l'urgence des problèmes, les droits de la raison ne doivent être ni limités ni récusés - de quelque façon que ce soit. Notamment parce qu'une démarche radicale doit nous amener à penser en profondeur et en largeur des institutions

---

[319]. Jean-Godefroy Bidima, « La philosophie en Afrique », *l. c.,* p. 268.

[320]. Jean-Godefroy Bidima, *Théorie critique et modernité africaine*, Paris, Publications de la Sorbonne, 1993,p. 184. *Cf.* Aussi Jean-Godefroy Bidima, *La Philosophie négro-africaine*, Paris, PUF, coll. « Que sais-je ? », 1995, p. 121.

plus égalitaires et plus justes que celles dont on montre aujourd'hui l'ustensilité.

Conclusion

« C'est là ce que nous dit Platon, en fin de compte : si la Raison n'a pas de sens, si ces ombres de la raison que sont l'irrationnel, le mythe, la difficulté de dire ne s'inscrivent pas dans le projet de rationalité, alors autant valent la violence et Calliclès, autant vaut l'homme qui se fait bête. […] Or, Calliclès, effectivement, c'est-à-dire historiquement, a deux « réalisations » possibles : le tyran criminel et imbécile Archélaos ou le penseur Friedrich Nietzsche »[321].

Trois décennies d'ajustement au forceps à la mondialisation au moyen de la contrainte de la dette ont profondément désorganisé nos pays, les livrant exsangues, sans colonne et sans épine dorsale face à la désorientation et au nihilisme, mais surtout face à la cruauté de bandes armées, de guerres de rapine, à l'exploitation brute et éhontée de la force de travail et à l'extension d'un entre-soi des plus riches. En somme, notre actualité, ce sont des vies ordinaires précarisées et démantibulées par le ressac de l'appauvrissement du grand nombre d'une part, et, d'autre part, l'enrichissement insolent du *gentleman-arnaqueur* et du ploutocrate vivant hors sol (*off shore*) dans leur propre pays - par le biais d'une sécession physique, territoriale et mentale consciemment assumée.

Bien intriqués, divers courants de la pensée postcoloniale accompagnent ces processus. Il s'agit véritablement de philosophies de la mondialisation, car elles épousent la *doxa* actuelle selon laquelle on ne peut plus rien faire contre l'inégalité, c'est-à-dire le droit du plus fort selon nos Calliclès, Polos et

---

321. François Châtelet, *Platon,* Paris, Gallimard, coll. « NRF/Idées », 1965, pp. 239 et p. 249.

Thrasymaque. Ce sont aussi des philosophies du chaos, car elles ne reconnaissent ni la raison, ni le projet de la liberté, de l'égalité et l'idéal de la fraternité humaine. Ces ontologies du chaos travaillent bien plutôt pour un désordre sans règle et sans raison. Le courant dominant de l'idéologie postcoloniale estime cet âge de fer propice à l'accumulation par des maîtres corporels, parce que, désormais, il est défendu de prendre parti pour des valeurs centrales ou fondatrices : toute fin et tout projet quelconque doivent être congruents avec l'universalisation et la prolifération de la marchandise. Aussi accentuer l'exploitation et la domination de quelques-uns est-il pensé comme un moyen opportun dont le but final est la productivité et la compétitivité. Alors qu'il est question de maîtrise et de servitude, cet utilitarisme cynique ne veut toutefois pas se dire de façon explicite. Le postcolonialisme estime en effet que c'est pour lui un atout épistémologique d'être crypto-normé et d'avancer masqué. Aussi porte-t-il dans le discours public les habits frelatés du progressisme. Il n'y avoue pas comme dans le langage plus académique que sa vraie et juste norme est le mondialisme. La double vérité tiendrait pour ce courant de pensée au fait que se prononcer de façon claire sur la question de l'avenir et des conditions d'une politique d'espérance, ce serait verser dans l'eschatologie et la divination. Aussi le postcolonialisme affirme-t-il que nul ne peut prédire le destin de ce qui est en gésine. Et face à l'incertitude quant à ce qui vient, en particulier la tension entre autonomie et déterminisme, nul besoin de subsomption n'est ressenti. Une autre tendance invoque l'inconnaissabilité du réel et l'obscurité de ce qui est à l'origine et à la fin de l'action humaine. Elle postule donc une utopie, mais sans en dessiner les contours, car dessiner par anticipation un possible, c'est l'objectiver, et donc s'installer dans la fausseté et l'aliénation. Cette philosophie du perpétuel au-delà et du dépassement pur préfère en réalité que tout reste en place, car à quoi bon le ressentiment à l'égard de ce que le capital nous a fait et nous fait. Aussi y parle-t-on avec ironie le langage d'Ésope ou d'Orwell pour affadir la discussion critique sur les absolus. Une dernière orientation envisage que la raison herméneutique se subordonne la raison analytique, afin de masquer le maintien du statu quo, par l'ingéniosité et l'habileté sémantiques de la science interprétative et ce dans l'oubli de la raison. La pression métaphysique d'un sens garanti par la transcendance s'y articule fort bien avec l'idéologie de la réussite individuelle de la théologie de la prospérité.

En somme, pour nous ajuster à la mondialisation capitaliste, la pensée postcoloniale mène une lutte idéologique opiniâtre. Son objectif conscient et assumé est d'en finir avec les philosophies de la révolution et de la libération. Aussi le langage et les jeux de langage y prennent-ils une place essentielle, car il s'agit, soit de neutraliser, soit d'émasculer les philosophies de l'émancipation. Comme le monde ne constituerait plus pour nous une menace, mais un vaste réseau d'opportunités, la thèse est désormais qu'il faut accepter la conjonction non agonistique de l'ordre du monde, de la culture et de la société. Seule l'herméneutique est désormais la seule méthode appropriée pour lire le monde. Il en est ainsi, d'une part, parce que le monde qui a cours est accepté : il s'agit donc seulement de l'interpréter. *Fin de l'histoire*, il n'a besoin d'aménagement qu'à la marge. Il en est ainsi, d'autre part, parce que les faits n'ont plus de valeur en soi : seules les interprétations et les exégèses acquièrent une importance capitale pour dire notre-être-au-monde. Le privilège donné à l'herméneutique signifie que la réalité en cours étant admise, il n'y a plus rien d'autre à proposer à notre communauté humaine. Aux interlocuteurs de bonne volonté, on propose donc un ordre du consensus fondé sur l'obligation de reconnaissance mutuelle comme condition d'une vie conviviale. Personne ne nous dit pourquoi ce projet de vie conviviale a abouti à Bretton-Woods à un consensus en notre absence. L'idéologie du consensus mou signifie en réalité une soumission aux exigences et aux diktats du capital mondialisé dont le but est de contrôler nos ressources et nos sociétés. Il nous est donc prescrit *post festum* d'entrer dans la palabre et sa juridiction de la parole. Aussi parle-t-on en Afrique subsaharienne des institutions globales du commerce et de la créance dont la tutelle est prégnante sur nous comme des « partenaires au développement » - comme existe en Occident le rabâchage sur les « partenaires sociaux ». Il est simplement reproché à ces institutions censitaires - dans le cadre langagier où on situe leur rapport à nos sociétés – d'être sans humour, à force de concevoir la vérité sous un seul angle. « Leurs résultats sont de l'ordre du vraisemblable et l'on trouve ce qu'on cherche [...]. La cohérence ou la vraisemblance obtenues ne le sont qu'au prix de la violence faite au réel et de la falsification, quand on y cherche et y trouve ce qui jamais encore n'a été parce qu'il est la solution à inventer en réponse à l'événement, en fonction des circonstances, d'une époque inédite, de moments irréversibles », écrit avec justesse Fabien Eboussi Boulaga parlant de l'herméneutique et de l'exégèse[322]. En nous interdisant de parler des soucis et des questions qui nous travaillent selon l'ordre explicite de la pensée conceptuelle et critique, la pensée postcoloniale fait donc violence au réel – au moyen de la fiction et de l'herméneutique. L'idéologie postcoloniale veut recourir à des réponses immédiates et toutes prêtes qu'elle y a préalablement glissées - en fraude. Aussi dans notre actualité, le réel devient-il un nez de cire tordu dans le sens de son ultralibéralisation. Car reconstruire le monde africain sur les bases de la compétitivité, de l'efficacité et de la productivité ne peut être impulsé aujourd'hui que par de lointains centres du capitalisme. Le *deal* qu'assume l'idéologie postcoloniale est uniquement de travailler pour

---

322. Fabien Eboussi Boulaga, *Christianisme sans fétiche. Révélation et domination*, Paris, Présence africaine, 1981, pp. 196-197.

l'appropriation locale des nouvelles normes ultralibérales. Et l'écot à apporter, c'est le sacrifice de la grande majorité des Africains à l'autel du Moloch de l'accumulation du capital. Cette idéologie sacrificielle énonce qu'il faut sacrifier quelques-uns au nom de la productivité africaine de demain. Cette crypto-théodicée n'est ni plus ni moins qu'une vision téléologique, car souhaiter la prolétarisation des dominés africains signifie l'introduction idéelle d'une nouvelle norme régulatrice de l'existence. Le rétrécissement de l'horizon est tel que la nouvelle idéalité - vouloir pour demain un « homme nouveau », non corrompu et socle d'une Afrique productive – ne peut être réalisée que par l'accentuation de la surexploitation. L'idée de sacrifice est donc devenu un aspect important de cette philosophie utilitariste car il s'agit de réduire d'autres êtres humains au statut de moyen d'une fin.

Toutefois, de toute évidence, ni l'apologétique spéculative de l'exclusion africaine de l'histoire universelle, ni la souffrance masochiste, ni le ronronnement narcissique ni la schizophrénie culturelle dans lesquels on veut nous enfermer, ni l'abandon de notre place dans l'histoire, ni un surcroît d'exploitation et de mise sous tutelle pour l'accumulation primitive du capital ne peuvent nous donner les médiations éthiques, politiques, théoriques et organisationnelles pour sortir de la faiblesse. On peut d'ailleurs observer que penser une inscription passive et destructrice de l'Afrique au sein du marché universel heurte la subjectivité. C'est pourquoi les théories postcoloniales – malgré les soutiens, la force éditoriale dont elles disposent et leur recyclage d'une *doxa* d'époque – ne parviennent pas à être un mouvement intellectuel crédible ou à avoir la force spéculative pour justifier rationnellement l'inégalité. Aussi adoptent-elles des itinéraires mystiques, irrationalistes, démiurgiques et thaumaturgiques. A l'opposé de cette orientation, l'essentiel de notre effort intellectuel et pratique doit rester la recherche collective de la puissance matérielle et militaire, la liberté individuelle fondée sur le procès de la libération collective, mais surtout l'option métaphysique de ne pas accepter les inégalités et l'exclusion sociale sans états d'âme.

Table de matières

Introduction 5

Se mettre au pas du monde. 9

Le tournant linguistique et interprétatif dans la pensée postcoloniale de l'Afrique
subsaharienne. 11

§ 1. En tant que neutralisation postmoderne des philosophies de la libération, la
pensée postcoloniale prône la jonction de l'histoire de l'État-nation et du marché
universel par la suppression de toute contradiction en général. 11

§ 2. Il s'agit de « *faire avec* » le marché universel en récusant toute autre norme
régulatrice de l'existence. 24

§ 3. Au nom des *intentions fondatrices du divin*, il s'agit de faire la critique d'une
modernité désenchantée, laïque et d'une raison autofondatrice. 32

§ 4. Nous faisons face aux symptômes intellectuels d'une pénible entrée dans la
société industrielle et dans l'âge de la science. 39

§ 5. Que la raison herméneutique se subordonne la raison analytique. 43

§ 6. Le tournant linguistique et interprétatif de la pensée postcoloniale est fondé sur
une vision apriorique de l'ordre des choses et recourt à la méthode herméneutique
pour comprendre l'expérience vécue. 53

§ 7. Il faut dès lors passer outre la thèse de l'identité et de l'universalité des
structures de l'esprit humain que défendent occidentalistes et europhilosophes de
l'Afrique subsaharienne, adeptes d'une épistémè trop consciemment cohérente et
autocritique. 62

§ 8. Être universel, l'individu désiré par la pensée postcoloniale possède la plénitude totale de la perfection en lui-même, cette autarcie impliquant que son bonheur exige le sacrifice du genre à l'individu par l'affirmation de la légitimité de ses droits à la propriété privée et à l'inégalité. 71

§ 9. La verbosité néo-traditionaliste veut celer les processus de destructivité humaine en cours – celle-là même que la pensée postcoloniale ne veut expliciter et assumer crûment devant les peuples africains. 76

Rien à faire au monde 85

Philosophies du chaos. À propos du laboratoire de l'ajustement à la mondialisation capitaliste. 87

§ 1. Une approche historico-critique de l'ajustement structurel montre que la théorisation par la pensée postcoloniale de l'impossibilité de l'être-en-commun suppose une mutation culturelle et métaphysique dont la centralité est l'affirmation des individus : sa conséquence est la problématique de la propriété privée et de l'inégalité. 91

§ 2. Constatons d'abord qu'au-delà de la diversité des positions philosophiques, il existe aujourd'hui une volonté commune à quelques penseurs subsahariens de quitter ou de déserter le monde moderne. 100

§ 2 a. La philosophie de la traversée de Jean-Godefroy Bidima 102

§ 2b. L'analytique du *Dasein* ethnologisé de Bouharima Ouattara. 107

§ 2 c. L'afrotaoïsme de Bassidiki Coulibaly. 112

§ 3. Le contexte d'un ajustement passif et brutal à la mondialisation capitaliste qui accentue et approfondit la marginalisation actuelle de l'Afrique explique le développement de telles thèses. 116

§ 4. Cela a abouti à une pensée philosophique qui valorise le chaos, le vide, l'absence de but, le cynisme, le nihilisme, le pessimisme culturel et historique. 119

§ 5. Une telle perspective a-t-elle une quelconque viabilité ? 121

§ 6. Au-delà d'une vision tragique de la culture africaine, s'acheminer vers une pensée de la renaissance. 124

§ 7. Peut-on se situer en marge de l'histoire, et selon quelles modalités ?............. 128

§ 8. Conditions pour une historicité africaine.. 132

§ 9. Être par soi-même et pour soi-même 135

Plaidoyer pour une pensée neuve contre la doctrine de la saignée organisée des peuples 139

Conclusion 171

www.ingramcontent.com/pod-product-compliance
Lightning Source LLC
Chambersburg PA
CBHW051526230426
43668CB00012B/1752